Tim Sanders

Chief Solutions Officer do Yahoo!

O Amor É a Melhor Estratégia

Uma nova visão do sucesso e da realização profissional

Pr. Mazimho Lima

SEXTANTE

TRADUÇÃO
Pedro Jorgensen Junior

PREPARO DE ORIGINAIS
Virginie Leite

PROJETO GRÁFICO E DIAGRAMAÇÃO
Marcia Raed

REVISÃO
Antonio dos Prazeres
Sérgio Bellinello Soares

CAPA
Porto Martinez

FOTOLITO
R. R. Donnelley Mergulhar

IMPRESSÃO E ACABAMENTO
Lis Gráfica e Editora Ltda.

CIP-BRASIL. CATALOGAÇÃO-NA-FONTE
SINDICATO NACIONAL DOS EDITORES DE LIVROS, RJ.

S198a Sanders, Tim, 1961–
O amor é a melhor estratégia : uma nova visão do sucesso e da realização profissional / Tim Sanders ; tradução de Pedro Jorgensen Junior. – Rio de Janeiro : Sextante, 2003

Tradução de: Love is the killer app
Apêndice
ISBN 85-7542-058-5

1. Sucesso nos negócios. 2. Rede de relacionamentos. I. Título.

03-0461. CDD 650.1
CDU 65

EDITORA SEXTANTE / GMT EDITORES LTDA.
Rua Voluntários da Pátria, 45 – Gr. 1.404 – Botafogo
22270-000 – Rio de Janeiro – RJ
Tel.: (21) 2286-9944 – Fax: (21) 2286-9244
Central de Atendimento: 0800-22-6306
E-mail: atendimento@esextante.com.br
www.esextante.com.br

Para minha mulher,
Jacqueline, minha fortaleza e
amor da minha vida.

Agradecimentos

Os agradecimentos vão para:

Tom Peters, por sua certeza de que eu podia, e devia, escrever um livro.

Jan Miller, por enxergar o potencial e assumir o risco.

Todos os meus Yahoo!s, que eu amo de verdade por seu entusiasmo e sua paixão.

Billye Coffman, minha mãe, que me ensinou o sistema original de marcar e resumir, e que apoiou meus sonhos. Independente de onde eu estivesse, ou do que estivesse fazendo, ela sempre acreditou em mim. Devo tudo a ela por isso.

Kyle Smith, meu nó zero que tornou tudo isso possível.

Todos os amigos da Crown, que aceitaram o meu aporte ostentoso aos seus negócios, com um especial muito obrigado a Chip Gibson, Steve Ross, Bob Mecoy e Annik LaFarge, assim como aos amigos da Random, Don Weisberg e Madeline Macintosh.

As centenas de escritores maravilhosos que me inspiraram e capacitaram, escrevendo livros muito, muito bons.

E finalmente, Gene Stone, co-autor e hoje amigo para toda a vida, por ser o mentor não apenas do tema deste livro, mas da minha vocação de escritor. E também por refrear esse tsunami que eu sou e preservar meu estilo subjetivo mas engajado de pensar e escrever.

Sumário

Introdução

Chris trabalhava comigo há apenas algumas semanas quando eu o convidei para participar de uma conferência com consultores externos. Durante toda a apresentação, ele permaneceu calado e impassível, até que o consultor-chefe lhe perguntou se tinha algum comentário a fazer. Ele assentiu com a cabeça, impaciente.

"Muito fraco", ele disse. "Custo a crer que nós pagamos por isso."

E prosseguiu apontando uma série de falhas no trabalho, sem prestar a menor atenção ao efeito causado por suas palavras. Quando os consultores deixaram a sala, eu e os demais presentes estávamos absolutamente constrangidos. Chris nem percebeu nosso embaraço. Só se deu conta na manhã seguinte, quando não foi convidado a participar de uma importante reunião.

Se tivesse se portado de maneira mais inteligente e sensível, ele teria mostrado seu excelente ponto de vista e se tornado um herói. Coitado do Chris. Armado até os dentes, ligado na tomada das decisões rápidas, ele não sabia como usar seu talento de outra maneira. Vivia pronto para a guerra – sempre hostil e belicoso. Acreditava que sucesso nos negócios era sinônimo de esmagar os mais fracos, desprezar os menos inteligentes. Ele tinha de vencer, por isso guardava tudo o que sabia – e todas as pessoas que conhecia – para que suas armas não caíssem nas mãos do inimigo.

Eu o apelidei de Cão Danado. E o apelido pegou.

No entanto, sob a superfície, havia algo de verdadeiramente doce no Chris. Fora do horário de trabalho, com a guarda abaixada, se via nele um vislumbre de ternura, um raio de bondade. Era a sua formação rígida, e não a sua personalidade, que o tornava mesquinho. E ele era inteligente o bastante para perceber que esse comportamento era o seu calcanhar-de-aquiles. Seu mundo ia ficando pequeno, enquanto o das pessoas à sua volta se ampliava com novos relacionamentos e troca de conhecimentos.

Para completar, Chris estava infeliz. Mesmo gostando do emprego, não ficava à vontade no ambiente de trabalho. Ele se sentia perdido. Estava fazendo o que haviam lhe dito para fazer – vencer a todo custo –, mas ele não tinha a sensação de estar vencendo.

Eu disse a Chris que sua atitude era perigosa e que se ele não quisesse acreditar em mim bastava ver como os outros o tratavam. Ele admitiu que havia perdido vários projetos e que agora percebia que seus colegas de trabalho não gostavam dele. Um dia ele me mandou este e-mail: "Preciso mudar. Estou agindo como uma pessoa da geração do meu pai."

Chris se aproximou de mim porque viu que a empresa me ouvia e apoiava meus projetos. Percebeu que as pessoas floresciam ao meu redor, que a minha rede de relacionamentos crescia dia a dia e dava saltos exponenciais a cada trimestre. Chris estava pronto para ouvir.

– O que é que eu preciso fazer? – ele perguntou.

– Seja um *lovecat* – eu respondi. – Isso significa o seguinte: dê o seu saber de graça. Mostre o seu caderno de endereços a todas as pessoas que queiram vê-lo. E seja humano, sempre.

Depois eu falei sobre as vantagens de ser um *lovecat* e os três passos necessários para chegar lá: compartilhar seu conhecimento, sua rede de relacionamentos e sua compaixão.

Fomos direto ao trabalho. Primeiro, eu o ajudei a organizar suas leituras. Chris não tinha muito o que oferecer aos outros – sabia dizer o que estava errado, mas não sabia como fazer as coisas certas. Seus hábitos de leitura eram totalmente equivocados. Enfrentara disciplinas tão difíceis na universidade que, quando terminou a graduação, parou de estudar. Lia somente para ajudar a passar as noites insones em seu espartano apartamento do Vale do Silício. Então, estabeleci para ele um novo currículo. A leitura é uma fonte de energia, eu disse, portanto trate-a como um ativo. Você vai se transformar numa enciclopédia ambulante, com respostas para todas as pessoas que tenham perguntas a fazer.

Depois, eu o ensinei a criar e compartilhar sua rede de relacionamentos. Como era jovem, Chris não tinha muitos contatos. Mas tinha potencial para fazê-los, pois lidava com dezenas de pessoas diferentes toda semana. Em pouco tempo, ele estava organizando reuniões internas com seus pares, polinizando-os com idéias que tirava de suas leituras e proporcionando-lhes acesso aos seus novos contatos. Outro dia eu o vi saindo de uma reunião com umas vinte pessoas, que ele próprio conduziu magistralmente. Ele havia construído o seu próprio ninho.

Durante nossas primeiras conversas, falamos, principalmente, sobre o terceiro passo: a compaixão, que aqui tem um significado muito mais abrangente do que piedade – significa a disposição de demonstrar empatia e humanidade no ambiente de trabalho. Chris resistiu de início, achava que não tinha nada a ver. Mas, quanto mais ele pensava no assunto, mais enxergava a luz. No mês passado ele me mandou um e-mail dizendo: "Adivinha? Acabo de salvar o ano de uma pessoa." Ele fizera amizade com uma moça que trabalhava num departamento malvisto pela direção. Chris tinha uma grande admiração profissional por ela, mas nunca havia lhe dito nada. Percebendo que ela precisava de apoio, ele elogiou suas valiosas contribuições e disse que iria ajudá-la. "Vou dizer às pessoas que você é ótima. Quero que se sinta segura."

Essas palavras deram a ela um novo alento e tiveram uma influência positiva no seu desempenho profissional. E Chris sentiu, pela primeira vez, uma satisfação profunda no trabalho. Ele não estava mais perdido. Sua carreira tinha um rumo e um propósito.

Hoje eu vejo um outro Chris. Vejo um monstro de conhecimento, um conector de pessoas, ou seja, eu vejo o ser humano bondoso que sempre existiu, bem lá no fundo. Chris mudou a sua marca. Encontrou uma forma de usar o amor em vez do ódio. Não é mais o Cão Danado. É um *lovecat*. E nos tornarmos *lovecat*s é exatamente o que todos temos de fazer se quisermos ter sucesso no século XXI. Vá em frente. Leia.

O Estilo

Lovecat

Não faz muito tempo, depois de uma palestra que dei sobre a nova economia, uma moça que estava ingressando no mercado de trabalho aproximou-se de mim para falar de suas ansiedades a respeito da carreira.

"Não estou preocupada com a possibilidade de não arranjar um bom emprego", ela explicou. "O que me preocupa é que o trabalho seja excessivamente frio e impessoal. O que devo fazer para ter certeza de que vou ser bem-sucedida e feliz ao mesmo tempo?"

A resposta? O mesmo conselho que eu dei a Chris: "Seja um *lovecat.*"

Numa grande conferência sobre vendas no mês passado, conheci dois sujeitos: um da área de contabilidade, outro de administração. Ambos estavam temerosos, mas não por causa das mudanças que estavam ocorrendo ao seu redor – eles tinham medo de ficar fora delas.

"Como é que eu faço para me enfronhar nesse negócio de Internet, rede mundial de computadores?", perguntou-me um deles. "Eu não sei o que fazer porque essa não é a minha especialidade.

Será que ainda sou relevante? Será que eu tenho algo a oferecer que seja capaz de criar valor?"

O outro disse: "Eu não me sinto capaz de competir com esses garotos que saem da universidade falando o jargão da nova economia e sabendo tudo sobre novas tecnologias. Parece que todas as outras pessoas estão mergulhando em novos papéis, e eu me sinto limitado por essas regras e tendências."

"Não é assim que as coisas acontecem", eu respondi. "O mundo funciona à base de intangíveis – conhecimento, redes e compaixão."

Isso parece não mudar nunca. Independente da idade e do nível de experiência, homens e mulheres de todas as partes do país estão tentando desesperadamente descobrir uma forma de preservar seu valor profissional numa época de mudanças velozes.

Até recentemente, profissionais de negócios podiam sobreviver anos a fio sem aconselhamento, sem facilidade para se relacionar e até sem novas idéias. Mas hoje o ambiente dos negócios muda numa velocidade nunca vista e muitos de nós não conseguem agüentar. Tomamos decisões erradas, recebemos maus conselhos, não conseguimos nos conectar às melhores oportunidades, temos a sensação de estar ficando para trás, ou do lado de fora.

A tecnologia revolucionou a nossa paisagem. Antes da revolução da informática, o mundo dos negócios mudava gradualmente e os modelos gerenciais ficavam obsoletos mais lentamente ainda. A progressão dos valores se fazia notar a cada uma ou duas décadas.

A gente podia entrar para a universidade, fazer um MBA (Masters in Business Administration, a pós-graduação em administração mais valorizada no mundo dos negócios) e trabalhar durante quarenta anos, sem que o conhecimento adquirido no trabalho perdesse a importância. Os relacionamentos eram, em sua maior parte, geograficamente delimitados, e toda a nossa rede profissional era constituída de um punhado de pessoas.

Isso foi ontem. E trate de esquecer o dia de hoje porque o amanhã está batendo à nossa porta. Para ser bem-sucedido no ambiente profissional de amanhã, você precisa de uma estratégia nova e formidável que supere as idéias em voga ou estabeleça uma nova categoria em seu campo. E logo ela se torna tão popular que destrói o modelo de negócios anterior.

E qual é esta estratégia? Dito de maneira simples: **O amor é a melhor estratégia** no mundo dos negócios. Quem usar o amor como fator de diferenciação profissional se distanciará de seus concorrentes exatamente como um fundista se distancia do pelotão que corre atrás.

Não se trata aqui de uma mensagem tranqüilizadora que eu acho que as platéias estão a fim de ouvir. Eu realmente acredito que a mais importante das novas tendências no mundo dos negócios é o declínio das raposas e dos tubarões e a ascensão das pessoas gentis e inteligentes – que eu chamo de *lovecats*. Elas serão bem-sucedidas pelas razões que você vai descobrir neste livro.

Para começar, o que eu quero dizer com *amor*?

A melhor definição geral que eu já ouvi é a do célebre filósofo e escritor Milton Mayeroff: "Amor é a promoção abnegada do crescimento do outro." Quando você consegue ajudar os outros a crescerem para se tornar o melhor que podem ser, você está sendo um *lovecat* – e está crescendo também.

Na verdade Mayeroff usava a palavra *cuidado* mais do que a palavra *amor*, embora *amor* possa se referir alternativamente a *cuidado*, *caridade* e *compaixão*. Porém, ele falou basicamente sobre o amor em nossa vida pessoal. Na vida profissional precisamos de outra definição.

Quando começamos num emprego, não importa se como recém-formado ou como diretor-executivo, assumimos a obrigação contratual de criar mais valor do que a remuneração que recebemos. Se não adicionamos valor para nosso empregador, somos perda de valor, vampiros do valor. Minha definição de valor agregado é a seguinte: em determinada área, o valor com você é maior do que o valor sem você.

Na vida pessoal, tomamos decisões baseadas em necessidades pessoais. Se você quer continuar sendo amigo de uma pessoa negativa, está no seu direito. Mas trabalho não é assunto pessoal. Amor na vida profissional não é o mesmo que sacrifício, não é o ato de amarmos uns aos outros aconteça o que acontecer. Não existe amor gratuito na nova economia. A sua equipe depende da contribuição de todos. Ninguém pode se dar ao luxo de empregar pessoas que contribuem para afundar o barco do valor. Portanto, a definição de *amor* precisa ser alterada, passando a significar que não apenas você, mas todas as pessoas que povoam o seu ambiente de trabalho representam valor agregado para esse mesmo ambiente.

Eis aqui, portanto, a minha definição de amor no trabalho: é o ato de compartilhar, com inteligência e sensibilidade, os seus intangíveis com os seus parceiros. No futuro, o sucesso estará baseado em valores um tanto vagos: a maneira de você se expressar como líder, a cultura que você adquirir, os processos de gerenciamento de informação que você estabelecer para a sua equipe, as parcerias que você formar em torno das oportunidades e desafios tecnológicos.

O que são os nossos intangíveis? São o nosso **conhecimento**, a nossa **rede de relacionamentos** e a nossa **compaixão**. Essas são as chaves do verdadeiro amor no trabalho.

E quem são os nossos parceiros? Potencialmente, são todas as pessoas que participam da nossa vida profissional: patrões, banqueiros, clientes, concorrentes, os caras que têm dinheiro para gastar e os que agitam o mercado de ações.

Nos próximos três capítulos iremos discutir em detalhe cada um desses três intangíveis. Antes vou apresentá-los aqui de forma resumida.

❖

Por **conhecimento**, eu me refiro a tudo o que você já aprendeu e tudo o que continua a aprender. Conhecimento é tudo o que você assimila no exercício do trabalho e tudo o que aprende com as leituras que faz toda vez que arranja um tempinho. São quaisquer dados e informações relevantes que você consiga acumular. Você pode encontrar conhecimento em quase todos os lugares – por meio da observação, da experiência e da troca de idéias. Mas o meio mais fácil e mais eficaz de adquirir conhecimento, sem sombra de dúvida, são os livros.

Pense em seu cérebro como uma espécie de cofrinho. Pessoas inteligentes vão colocando nele tudo o que aprendem até se verem na posse de uma formidável riqueza em conhecimentos. Mas há também os que ficam sentados o dia inteiro sem colocar ali nenhuma moedinha. Tudo o que acumulam é um grande traseiro. A gente vê pessoas assim todos os dias, nos aviões, nas salas de espera, olhando para o dia de ontem, tomando coquetéis, entrando despreparados nas reuniões de negócios. Como crianças que não sabem colocar moedas em seus porquinhos, esses adultos não sabem acumular conhecimento.

Quando eu dou uma palestra, costumo dizer aos participantes que, se eles acham que eu tenho algo de valor a dizer, devem refletir sobre um ponto interessante: meu conhecimento não é inato. Eu não nasci com um QI de 200. Não criei nenhum negócio colossal. Não sou um grande cientista. Seis anos atrás a minha trajetória profissional não era mais notável que a de ninguém. Aí eu comecei uma orgia de leituras. E, quanto mais eu lia, mais conquistava o coração das pessoas nas reuniões de trabalho – e seus negócios também.

O que eu sempre digo às minhas platéias é: não deixem um cara como eu passar por cima de vocês. Muitos de vocês estão na profissão há mais de vinte e cinco anos. Talvez tenham em seus currículos coisas que eu daria a vida para ter. Mas vocês estão parando na pista, permitindo que eu os ultrapasse. E é só porque eu continuo lendo.

Nem sei dizer quantas vezes as pessoas já me perguntaram depois de uma palestra: "O senhor me daria a sua lista de livros? Eu já devia estar fazendo isso há trinta anos."

Harry Beckwith diz, em *The Invisible Touch*: "Em vez de pensar em valor agregado, pense em conhecimento agregado. O que o conhecimento pode acrescentar ao seu trabalho, ou comunicar acerca do seu trabalho, que o tornará mais atraente para... parceiros e clientes?

❖

Por **rede**, eu me refiro ao conjunto de suas relações. No século XXI, nosso êxito estará baseado nas pessoas que conhecemos. Cada nome em nosso caderno de endereços representa um parceiro potencial para todas as outras pessoas que conhecemos. Todos podem se encaixar em algum lugar de nosso universo profissional em contínua expansão.

Os relacionamentos são os **nós** de nossa rede individual, que constituem o futuro da nossa vida profissional e servem de instrumento para prever nosso sucesso. Alguns dos mais brilhantes luminares da nova economia, como Kevin Kelly *(Novas Regras para uma Nova Economia)*, dizem que empresas, organizações e indivíduos são compostos por sua rede de relacionamentos e valorizados de acordo com ela. Se você organizar os seus relacionamentos em rede, estará gerando um valor duradouro (e paz de espírito) que vai muito além de sua carteira de ações, seu fundo de pensão e sua conta bancária. Estará também criando uma proposição de valor para os novos contatos, o que atrairá novos membros para a rede – esta é a primeira lei dos ecossistemas comerciais, conhecida como Lei dos Efeitos de Rede. O valor salta a cada novo ingresso, e o salto de valor atrai novos ingressos, formando o produto. Pense na seguinte metáfora: ao nascer, ganhamos uma rede de pesca. Ao longo da vida, tentamos pescar contatos – na escola, no trabalho, nas associações profissionais e nos clubes. Se pescamos bem, enchemos nossa rede de pessoas que nos apóiam, que apreciam o nosso valor, que nos proporcionam novas oportunidades. Mas nem todos sabem usar a rede com sabedoria. Enquanto alguns enchem-na de peixes da melhor qualidade, outros deixam a rede afrouxar até cair no fundo do mar, cheia de pneus velhos e cacarecos inúteis.

Quem consegue puxar uma rede fornida tem em mãos uma mercadoria do mais alto valor. Conectados em rede, somos poderosos.

Sozinhos, mesmo com toda a sabedoria do mundo, somos impotentes: náufragos à deriva num oceano impessoal. Sem uma rede, o conhecimento é praticamente inútil. O conhecimento é a nossa fonte de energia, nossa bateria. O relacionamento é o nosso centro nervoso, nosso processador. Criamos valor com o nosso conhecimento, mas ele só se realiza quando o compartilhamos com a nossa rede.

Eu creio que a maior inovação do Vale do Silício não foram os seus programas e equipamentos de informática, mas a organização social de suas empresas e, principalmente, a arquitetura em rede da própria região – a complexa teia de empregos, coleguismo profissional, troca de informações entre firmas, ciclos de vida empresarial rápidos e a cultura ágil do e-mail.

No passado, era a escassez que criava valor. Hoje, a abundância também pode criar valor. Antigamente, quanto menor a disponibilidade de um bem tangível, como o ouro por exemplo, maior o seu valor. Era a lei da oferta e da procura que mandava. Hoje, em alguns casos, acontece o contrário. A abundância cria força. Se você tem uma grande idéia para fazer um negócio e ela é adaptada para operar em todo o seu ramo de atividade, a sua idéia vale mais, e não menos. Hoje o valor deriva de uma idéia aceita por todos, e a concorrência entra para aperfeiçoar a execução dessa idéia. Quanto mais pessoas houver em sua rede, mais forte ela é.

Por **compaixão**, eu me refiro àquela qualidade pessoal que as máquinas não podem ter – a capacidade humana de demonstrar afeto, pelo contato visual, pelo toque, pelas palavras. A capacidade de sentir compaixão, ou empatia, é a suprema felicidade humana em qualquer circunstância, em casa ou no trabalho. Você não pode amar um computador, um software ou um livro como pode amar uma pessoa. Às vezes é de uma pessoa que você precisa.

A beleza da compaixão é que cada um de nós já a traz dentro de si. Nascemos com os braços estendidos para abraçar. Ao contrário do conhecimento e das redes, que construímos ao longo do tempo, sempre podemos dizer às pessoas o quanto elas são importantes para nós. Podemos mostrar um sorriso simpático e dar tapinhas nas costas. Podemos abraçar, podemos escutar em silêncio e, no final de uma história triste, dizer: "Eu realmente sinto muito por você."

No trabalho, nossa humanidade pode ser definida como a capacidade de nos envolvermos emocionalmente com o crescimento de outra pessoa. Se celebramos as realizações de alguém, ou se demonstramos genuína simpatia pelos seus problemas, essa simpatia é o que nos distingue das máquinas.

A forma como somos percebidos como seres humanos está se tornando um aspecto cada vez mais importante da nova economia. Houve um tempo em que as pessoas podiam se isolar e ficar matutando atrás de portas fechadas. Houve um tempo em que as pessoas antipáticas, mesquinhas e indelicadas se sentiam seguras achando que nada se podia fazer em relação ao comportamento delas. Mas na nova economia essa postura não é permitida. Por duas razões.

A primeira é a escolha. A escolha é a sentença de morte dos vilões. Suponha que, vinte e cinco anos atrás, você estivesse trabalhando numa área em que só existia um lugar para se tomar um café. O sujeito que servia era um nazista, mas, como não havia outra opção, você ia ao bar dele todos os dias mesmo detestando-o. Hoje, porém, talvez exista uma dúzia de bares num raio de cinqüenta metros. Se aquele sujeito lhe aborrece, você experimenta outros bares, arranja um mais agradável e se muda.

Da mesma forma, há vinte e cinco anos, quando você trabalhava para um chefe injusto ou grosseiro, não havia muitos meios de escolher outro emprego. Havia alguns anúncios no jornal de domingo, sua pequena rede de amigos e familiares – e era tudo. Você ficava naquele emprego porque achava que realmente não havia alternativa. Hoje, temos acesso a novos serviços. Com a Internet, temos mais agilidade e facilidade para descobrir oportunidades de emprego e para enviar nossos currículos. Isso não existia na geração de nossos pais. É óbvio que, mesmo com mais recursos, nem sempre é fácil conseguir trabalho por causa das crises econômicas e da grande concorrência. Mas também ninguém é obrigado a aturar, pelo resto da vida, um patrão cruel ou um cargo sem perspectivas. Se o seu chefe é inteligente, sabe que um profissional de valor consegue se reposicionar no mercado.

A segunda razão pela qual a nova economia é inóspita para o mau-caráter é o que eu chamo de Novo Telégrafo. No velho oeste, os cabos telegráficos – a tecnologia de comunicações da época – mudaram a estrutura do comércio. Eles obrigaram os comerciantes a serem honestos. Antes do telégrafo era muito fácil aplicar golpes. Minha avó Hattie, que tinha quase noventa anos quando eu era criança, me contou o caso de um parente que vendia um removedor milagroso – na verdade, sabão barato embalado como uma fórmula extraordinária. Quando alguém percebia o truque, ele simplesmente se mudava para o condado vizinho. Mas, quando veio o telégrafo, ele teve de largar o negócio porque a notícia de que era um impostor viajava mais rápido do que ele.

O mesmo fenômeno agora é global e em tempo real. Se alguém tenta lhe passar a perna, existe todo tipo de tecnologia avançada para fazer com que os outros saibam. Um mau empregador de verdade é o pior marqueteiro de si mesmo. Não importa o ramo de atividade – hoje você tem à disposição mais escolhas e mais informação. Portanto, se você não gosta de determinadas pessoas, fugir delas está mais fácil do que nunca.

À medida que o mundo se torna mais competitivo, nós disputamos também a emoção das pessoas. Nos negócios não é importante o que as pessoas pensam de você – mas é, sim, importante o que eles sentem a seu respeito. As pessoas têm fome de compaixão.

Compaixão nunca é demais. E quanto mais difíceis os tempos, mais importante é a compaixão.

❖

Conhecimento, rede e compaixão. São esses os intangíveis que você compartilha com aqueles que escolheu como parceiros. São os valores que podem levar sua carreira ao seu ponto mais alto – ou melhor, aonde você quiser ir. Eles seguramente me trouxeram até onde eu queria.

E não sou só eu. Estou cansado de ver que os profissionais mais bem-sucedidos e felizes são os *lovecats*. São aqueles de quem você mais gosta e os mais apaixonados no trabalho, das 9 às 18 horas, das 8 às 22 horas, ou em qualquer horário. São também os mais generosos com o seu conhecimento, seu caderno de endereços e sua compaixão.

Pare um segundo e feche os olhos. Visualize as pessoas mais felizes e bem-sucedidas que você já conheceu no trabalho. (Lembre-se, eu disse "as mais felizes".) Elas não são inteligentes? Generosas? Gentis? Mais de noventa por cento da vezes, a resposta que eu ouço é: "Sim!"

Todos os dias, consultores competentes dizem aos seus clientes, gente do alto escalão de grandes empresas, que eles têm de construir e monetizar seus intangíveis. Mas eu não acho que o conceito de intangíveis deva ser exclusivo dos executivos situados no topo da hierarquia. Ele deve pertencer a todo mundo, dos recém-contratados ao presidente da empresa.

O fato é: o estilo tradicional, destituído de amor, não vai levar você a lugar nenhum na nova economia. A prática de negócios atual é excessivamente influenciada por livros que nos ensinam a nadar junto dos tubarões. Essas filosofias costumam vender uma falsa aparência de cuidado e atenção, mas estão na verdade construídas sobre uma visão de ganho material: só falam de como conquistar mercados, da vantagem de sair na frente, do marketing predatório. São os mantras das livrarias de aeroporto que enchem as cabeças dos profissionais de hoje.

Eu sei disso porque li todos eles. Pura emoção empresarial. Você ganha, eles perdem, e acabou. Eu sempre alertei meus amigos consultores que eles podem ser fritados se seu cliente lê o livro errado no avião: ele pára para comprar uma revista, pega um daqueles livros de administração assassinos e, quando pousa, já é um outro homem. Não perde muito tempo analisando duas alternativas porque pensa que agora vê as coisas como realmente são, e elas não se encaixam no que acabou de ler.

Essa comunidade de negócios costuma descrever seus resultados em termos de conquista e recuperação de fatias de mercado. Mas essa é a mesma proposição de valor de dez anos – talvez de dez décadas – atrás. Todos sabemos agora que a realidade está mudando. As empresas mais audaciosas, como a Cisco Systems (líder mundial em sistemas de interconexão de computadores), já se auto-avaliam pela qualidade de seus relacionamentos com os clientes, mais do que pelas vitórias obtidas sobre os concorrentes. Os agentes de vendas ganham grande parte de seus bônus com base na satisfação do cliente e não nas vendas e lucros extraordinários. A Cisco está aplicando o amor ao ambiente de trabalho e lucrando com isso, da mesma forma como eu estou lucrando também. Sei que minha carreira nunca teria decolado sem esses intangíveis básicos.

❖

No início dos anos 1990, comecei a trabalhar com marketing numa produtora de vídeos. Eu era bom em vendas, mas aquilo não me fazia feliz. Na época eu não sabia por quê. Eu simplesmente me sentia preso e carente. Acabei indo para uma emissora de TV a cabo, onde o trabalho era interessante, mas o ambiente não. Não havia nenhum amor ali, só medo e desprezo. Passei cinco anos como gerente de vendas nesse lugar desagradável, onde os patrões achavam que todos os empregados eram mentirosos até prova em contrário. A desconfiança era tanta que não podíamos entrar ou sair do edifício levando nada além de bolsas de mão e carteiras, por medo de roubo. Como gerente de vendas, eu comandava mais de vinte pessoas. Todos os dias de manhã, antes dos donos chegarem, eu fazia um pequeno discurso sobre como humanizar o ambiente de trabalho. Tentava levantar a moral da minha equipe naquele estranho negócio. Ali, talvez eu tenha aprendido que mesmo num lugar ruim é possível ser generoso.

Tive também a chance de aprender sobre a Internet. O programa de TV a cabo que eu produzia para o horário da madrugada não estava alcançando a audiência esperada e, desesperado, comecei a estudar uma novidade: a transmissão de vídeo pela Internet. Através da minha pesquisa, conheci as pessoas da Broadcast.com, um negócio novo que estava abrindo caminho nessa área. Em 1997, eles me convidaram para trabalhar com eles, assumindo a responsabilidade pelas contas dos clientes.

Finalmente eu encontrara uma firma com ótimos valores. Mark Cuban, diretor-executivo da Broadcast.com, tinha um lema: "Faça amor, não faça a guerra." Não tinha nada de original, mas para mim era o próprio elixir da vida. Mark acreditava apaixonadamente que os clientes deviam ficar satisfeitos, mesmo que para isso tivéssemos de trabalhar 24 horas por dia. Eu nunca tinha conhecido ninguém assim. Estava emocionado. Era a liberdade! Dediquei-me então a aprender como satisfazer o cliente custasse o que custasse: as horas, o trabalho, o suor, nada disso importava. O fundamental eram os relacionamentos que eu estava construindo.

Eu estava na Broadcast.com há apenas alguns meses quando comecei a formular meu sistema *lovecat* – mas precisei de algum tempo para me dar conta do que estava fazendo. Eu estava à procura da estratégia que me levaria a ter sucesso. Como eu nunca tivera um emprego que me importasse de verdade, não sabia muito bem como chegaria lá. Talvez com uma boa dose de tenacidade? Então eu dediquei tempo e esforço trabalhando catorze horas por dia e dando centenas de telefonemas absolutamente desinteressantes. Ou, quem sabe, eu precisava ser mais perspicaz nas negociações? Em busca do sucesso, estudei atentamente os executivos de vendas e suas técnicas de negociação que parecem um jogo de xadrez.

Ao mesmo tempo, consciente de que precisava aprender mais sobre negócios, comecei a devorar uma dezena de livros. Quando um dos meus colegas da Broadcast.com, Karl Meisenbach, descobriu o meu interesse por leitura, recomendou *Vantagem Competitiva na Internet*, de John Hagel e Arthur Armstrong.

O livro trata da criação e do extraordinário potencial das comunidades virtuais. Segundo seus autores, os detentores dessas comunidades *on line* terão em mãos uma grande riqueza, porque uma comunidade *on line* é valiosa tanto para quem cria quanto para quem participa. Os integrantes recebem tratamento personalizado, e o criador pode customizar seu conteúdo de uma forma que não pode ser feita por via impressa, baseando-se no conhecimento crescente sobre os participantes – e, à medida que este conhecimento aumenta, o conteúdo torna-se ainda mais valioso para seus membros. Como é tudo *on line*, o custo é menor que o dos catálogos para vendas de produtos, sempre sujeitos a custos crescentes de impressão e transporte.

Um dia, no final de 1998, não muito depois de eu ter terminado o livro, meu telefone tocou. Era Ken Weil, vice-presidente da grife de lingerie Victoria's Secret, querendo saber o custo de transmissão de um show de moda íntima pela Internet.

Ken, um profissional de negócios inteligente e capaz, só queria saber o preço, mas eu comecei a lhe vender os conceitos da vantagem competitiva na Internet porque achava isso mais importante do que saber quem faria a divulgação pelo menor preço. Hagel sustenta a idéia de que informação é dinheiro: quando você maneja a informação das pessoas, está manejando o dinheiro delas. Não há nada mais estratégico na nova economia do que construir uma base de dados com o perfil de seus clientes e gerenciá-la criteriosamente. O segredo está em fazer com que os clientes lhe forneçam essa informação logo de início.

Ken estava atrás de um bom negócio. Eu queria catequizá-lo. Mas o negócio da minha empresa era ganhar dinheiro, portanto combinamos uma conferência telefônica: eu, meu chefe, Ken e Tim Plzak, um dos vice-presidentes da Victoria's Secret e também diretor da área de TI (Tecnologia da Informação).

Como nunca havia participado de algo desse tipo, eu estava nervoso. Foi o telefonema da minha vida. Nele eu pus à prova teorias retiradas de *Vantagem Competitiva na Internet*. Desta vez, deixei claro que não se tratava apenas de uma idéia, mas de um conceito prático capaz de ajudar a Victoria's Secret a ganhar muito dinheiro. Mostrei como o show de moda íntima podia criar uma imensa base de dados de clientes – que teriam de dar seus endereços eletrônicos para acessar o desfile virtual –, possibilitando assim uma comunicação extraordinariamente rápida e barata entre a empresa e esses consumidores. Eu disse que este era o futuro e que, se não investisse em novas alternativas de divulgação e venda, a Victoria's Secret ficaria para trás. E mandei o livro para Ken.

Ele viu a proposição de valor de usar o show como um meio de obter informações dos clientes – o novo ouro negro. De modo que no fim do dia, mesmo sem ter oferecido o menor preço, conseguimos o negócio pelo fato de eu ter compartilhado meu novo conhecimento. Havíamos agregado valor intangível.

O show de lingerie aconteceu em 2 de fevereiro de 1999. Foi um sucesso avassalador – o maior evento da história da Internet até aquele momento, com mais de um milhão de pessoas se conectando à rede para assistir a um vídeo de dezoito minutos. A Victoria's Secret ficou com nomes e endereços eletrônicos de mais de meio milhão de clientes efetivos e potenciais. Esse era o modelo de negócio, e foi o que os deixou tão felizes.

Quando o evento acabou, Ken me disse que fora a experiência mais fantástica de sua vida e escreveu uma carta – que eu guardo até hoje – contando isso a Mark Cuban. (Mark ficou tão satisfeito que mandou colocá-la numa moldura dourada e me deu de presente. Mark adora clientes felizes. É por isso que eu fico atrás dele.)

Naquela primavera, a Victoria's Secret decidiu realizar um segundo evento. O objetivo agora era assegurar que fosse uma ótima experiência para o usuário, o que significava que não podíamos tolerar nenhuma falha técnica. Quando Ken falou que era necessário garantir o acesso de um número ainda maior de pessoas, eu assumi o compromisso de construir uma aliança profana entre a Broadcast.com e aquilo que eu chamo de a "co-opetição", a America On Line e a Microsoft, para que a coisa desse certo. (*Co-opetição* é o nome do livro de Adam M. Brandenburger, Barry J. Nalebuff e Ada Brandenberger: é a situação que se configura quando os concorrentes cooperam para obter maior vantagem. Ou, como diz Bill Gates, da Microsoft: "Às vezes, as ovelhas precisam dormir com os lobos.")

Foi a primeira vez que eu me dispus a compartilhar minha rede com total abandono e sem nenhuma expectativa. Fizemos uma conferência na qual a Victoria's Secret pôde ouvir todos os outros antes de assinar contrato conosco. Mas, em vez de se associar a outra empresa (outras tentaram, de fato, cobrir nossa proposta), a Victoria's Secret manteve a parceria conosco porque, como eles mesmos disseram, nós nos dispusemos a compartilhar nosso conhecimento e nossa rede para fazer tudo funcionar para eles.

E compartilhamos também o terceiro intangível, a compaixão.

Esse era o terceiro pilar de meu sistema. Durante aquele relacionamento de dois meses, Ken e eu nos tornamos mais que amigos. Eu era o seu campeão. Criei uma relação forte com Ken sem perceber que estava fazendo isso. Em nossos contatos, disse o quanto gostava dele como pessoa e quais as suas qualidades que eu apreciava de maneira especial. Eu o cumprimentava com as duas mãos e dava tapinhas nas costas porque essa era a intensidade de contato físico com a qual eu achava que ele era capaz de lidar. Confiei-lhe todos os meus recursos intangíveis, apresentando-o a todas as pessoas-chave na Broadcast.com, incluindo Mark Cuban.

Aí eu comecei a usar abertamente a palavra *amor* em conversas. "Precisamos de um pouco de amor aqui", eu dizia. "Mostre-me um pouco de amor." E as pessoas me retornavam a palavra. Quando Ken me ligou para discutir uma importante questão técnica a respeito da próxima divulgação, foi logo dizendo: "Vamos precisar de um pouco daquele amor."

Foi nessa hora e nesse lugar que eu descobri! Amor era a resposta.

A compaixão nos negócios, agora eu sabia, não era apenas possível – era necessária. Era o formidável complemento do conhecimento e da rede, uma verdadeira santíssima trindade. Eu percebi que o sistema que escolhera para ser o melhor *lovecat* possível estava em ação. E os benefícios desta escolha podem ser classificados em pelo menos seis tipos diferentes.

BENEFÍCIO 1

Você constrói uma marca pessoal diferenciada

Como na nova economia a pessoa é valorizada e remunerada por seu conhecimento e sua rede mais do que por sua experiência ou currículo, se você veio pelo caminho tradicional pode ter a impressão de que está tudo virado de cabeça para baixo.

Mas uma marca bem-sucedida sempre há de lhe servir como uma alavanca poderosa. Isso vale para produtos, empresas e pessoas: seja o hambúrguer do McDonald's, a CNN ou o Pelé, construa uma marca para que as pessoas possam confiar em você, gostar de você, querer você. Se você não constrói uma marca, corre o risco de virar mercadoria barata – em outras palavras, corre o risco de se tornar uma pessoa descartável, alguém que desempenha uma função que ainda não foi automatizada, mas que provavelmente será em alguma data futura. E há milhões de você lá fora, gerentes de nível intermediário, planejadores financeiros da empresa, fornecedores de serviços. No momento em que alguma firma de software começar a vender um programa que faz a mesma coisa que você, considere-se desempregado. Você é uma mercadoria barata que foi substituída por outra mais barata ainda. Como diz o guru de negócios Tom Peters, um dos meus mentores: "Quem não se diferenciar vai se extinguir."

A melhor resposta para essa ameaça é se diferenciar. A boa notícia é que esse negócio de mercadoria barata não existe – existem pessoas que pensam como se fossem.

Há muitas fórmulas para deixar de pensar como mercadoria barata e começar a construir sua marca pessoal: a minha favorita é uma adaptação livre do excelente livro de Duane Knapp, *The Brand Mindset*. Ele está organizado a partir do acrônimo DREAM [sonho]. Você se torna uma marca galgando cada degrau do DREAM.

D de *Diferenciação*

Robert Goizueta, ex-diretor-executivo da Coca-Cola, disse certa vez: "O setor imobiliário é localização, localização e localização. O de produtos e serviços é diferenciação, diferenciação e diferenciação."

Essa é a faceta mais importante da construção da marca. Já que a atenção é escassa, tudo o que é diferenciado consegue um preço melhor. À medida que eu seja capaz de diferenciar a minha pessoa, produto ou serviço, eu extraio um bônus de valor. Tornando-se um guru do conhecimento, compartilhando a sua vasta rede e sendo um parceiro comercial compassivo, você estará criando a sua própria marca. Você é útil, você é lembrável, você é atraente. As pessoas gostam de você.

Esse é um aspecto importante da diferenciação – não se trata apenas de ser diferente. Sempre se pode copiar o topete do craque Ronaldinho. Mas só isso não basta. Diferenciação significa se sobressair de uma forma positiva e produtiva, capaz de se sustentar ao longo do tempo. E a melhor maneira de fazer isso é oferecer os seus intangíveis àqueles a quem você quer se associar – porque dessa forma aquilo que você oferece realmente dura.

R de *Relevância*

O amor no trabalho é um ato de intimidade. É *daylove*, um investimento diário igual a *daytrade*, com a diferença que o seu capital não é formado só de ações e apólices. Seu capital é você mesmo. Afinal, houve uma época em que não se comprava ações no ambiente de trabalho – os corretores telefonavam de manhã, antes do expediente, e no final do dia. Não se criava riqueza além do trabalho enquanto se estava no ambiente de trabalho. Aí veio a Internet e ficou fácil comprar ações sem sair da mesa. De repente, estávamos todos criando e, ao mesmo tempo, ganhando riqueza.

Assim como a Internet oferece essa oportunidade aos *daytraders*, o amor nos negócios oferece a mesma oportunidade ao trabalhador. Você pode construir relacionamentos e receber compaixão enquanto faz o seu trabalho. Não precisa ser obrigatoriamente à noite, nos fins de semana, na igreja ou nas ocasiões sociais. Hoje todos podemos ser *daylovers*.

Construindo esse tipo de vínculo no meio profissional, você se torna altamente importante. A relevância é determinada, em larga medida, pela freqüência com a qual alguma coisa aparece em sua vida. Pão e leite são muito relevantes para a vida da maioria das pessoas. Ferraris e orangotangos, não.

Se tudo o que me interessa como profissional de negócios é tirar de você o mais que puder, não sou verdadeiramente relevante para a sua vida. Talvez você precise falar comigo agora, mas, se eu perco o emprego que nos mantém em contato, o mais provável é que você nunca mais fale comigo. Mas a relevância de um *lovecat* para as outras pessoas é cotidiana: todo mundo sempre precisa saber alguma coisa nova, conectar-se com alguém novo, ou assegurar-se de que é uma boa pessoa.

E de *Estima*

As pessoas lhe têm em alta estima quando percebem que você não espera receber nada em troca daquilo que pretende dar.

Estima se resume a confiança. Somos mais estimados por sermos dignos de confiança do que por sermos competentes. Quando indagado, o indivíduo médio de cem anos atrás dizia que o maior problema dos negócios era o roubo. Hoje é a mentira. Por isso as pessoas valorizam a confiança mais do que em qualquer outra época.

Sempre que ofertamos nossos intangíveis, nos tornamos o reflexo da imagem que os outros fazem de si mesmos. Ao me tornar um profissional *lovecat*, aprendi que as pessoas pensam que eu sou como elas – porque a maioria quer ser inteligente, doce, generosa. De modo que, quando você age dessa forma, elas pensam: "Eu gosto desse cara. Ele é como eu – uma pessoa amável e inteligente." Isso, por sua vez, cria uma estima elevada, o que significa que o amor no trabalho ajuda os outros não só a gostarem de você, mas também a construírem um sentimento de autoconfiança ao verem refletidos em você os aspectos de suas personalidades que elas mais apreciam.

A de *Atenção*

A maioria das pessoas passa a vida trabalhando para chegar até a base da cadeia alimentar. Quando são admitidas, ou quando vêm à empresa para uma reunião, talvez sejam apresentadas ao diretor, ao vice-presidente ou ao presidente. Mas raramente vêem esse figurão uma segunda vez. Em geral acabam negociando com um gerente de baixo escalão.

Os *lovecat*s vão na direção contrária: podemos começar conversando com alguém no nível iniciante, mas terminamos no escritório da presidência – não porque temos um negócio a oferecer, mas porque todos os patrocinadores disseram ao presidente a mesma coisa sobre nós: "Você precisa conhecer esse sujeito."

Quando as pessoas percebem que você parece uma enciclopédia ao quadrado, tem uma agenda de telefones gigantesca, é apaixonado e gentil, elas ficam cada vez mais interessadas em quem você é e no que pode fazer.

M de *Mentalização*

Como diz Duane Knapp, "para se tornar uma marca, um produto ou serviço deve se caracterizar por um atributo diferenciado na mente do consumidor". As empresas pagam milhões de dólares por isso. A Coca-Cola, por exemplo, construiu sua marca como "deliciosa e refrescante". De tanto ouvir isso, quando quer se refrescar, você compra uma Coca-Cola. Quando preferimos uma marca, ela é a nossa primeira opção de compra e até nos dispomos a pagar mais por ela.

Da mesma forma, se temos uma marca diferenciada na mente de nossos parceiros, eles nos oferecerão as suas melhores oportunidades de negócios. Mas, se nós não nos estabelecemos, perdemos o negócio. Digamos que eu lhe dê minha palavra de que vou prestar um ótimo serviço para a sua empresa. Então eu falto com a garantia porque não lhe dou a devida atenção ou porque tenho outros compromissos na minha agenda. Minha garantia não existe mais na sua mente. De agora em diante, quando eu digo "eu garanto", você ouve "eu não garanto".

A sinceridade da minha promessa a torna real para os outros. As pessoas que não se estabelecem permanecem periféricas, mas um *lovecat* se torna parte integral da vida.

Eu quero que os outros, quando pensarem em pessoas do meu ramo de negócio, pensem primeiro e imediatamente em mim. E eles irão pensar, porque eu lhes provei o meu valor por meio dos meus intangíveis. A maioria das pessoas tem mais de um cartão de crédito, mas faz oitenta por cento de suas compras com aquele que fica na parte de cima da carteira. Os *lovecats* sempre estarão na parte de cima da carteira de seus parceiros comerciais.

D de *Diferenciação*, *R* de *Relevância*, *E* de *Estima*, *A* de *Atenção*, *M* de *Mentalização*. Reúna essas letras e elas escreverão o seu sucesso.

BENEFÍCIO 2

Você cria uma experiência

Quanto mais você lê, mais sabe e mais conhecimento adquire para passar adiante. Eu não conheceria tão bem esse benefício do amor no trabalho se não tivesse lido *The Experience Economy*, de Joseph Pine e James Gilmore.

Para Pine e Gilmore, a evolução da economia teve quatro fases. A primeira foi a das *commodities*. Depois de descobrir e extrair os recursos, eles eram vendidos na forma bruta: produtos agrícolas, energia, metais preciosos.

Depois, de 1920 a 1970, veio a fase das mercadorias, relacionada à manufatura – as *commodities* eram transformadas em produtos e, com isso, as pessoas pagavam mais pelos produtos do que pelas matérias-primas de que eles eram feitos (daí surgiu o conceito de "valor agregado").

A terceira fase foi a economia de serviços, que começou na década de 1970 e está terminando agora. Ela foi centrada na criação de algo mais que mercadorias: enfatizava mais os benefícios que as características do produto. O desafio das empresas era associar um serviço a cada produto, e um produto a cada serviço. Quem não fizesse isso estava arruinado. A IBM, por exemplo, quase foi à bancarrota no início dos anos 1990 (até ressurgir como uma próspera e poderosa empresa de serviços). Por quê? A Dell, por exemplo, aconteceu porque centrou seu negócio mais na prestação de serviço do que na venda de mercadoria. O computador Dell não era necessariamente melhor que o IBM. Mas seu conceito de servir o cliente do início ao fim era.

A quarta fase da progressão econômica, que está começando agora, se baseia na *experiência*. Segundo Pine e Gilmore, as empresas inteligentes estão começando a "usar seus produtos como suportes e seus serviços como cenário de uma experiência interessante". As *commodities* eram medidas por suas características, as mercadorias por suas qualidades, os serviços por seus benefícios e, agora, as experiências por suas sensações.

Eis aqui um exemplo, adaptado do livro, que ilustra a progressão das fases. Quando minha mãe era jovem, minha avó costumava fazer o seu bolo de aniversário usando os ingredientes básicos: farinha, açúcar, manteiga, leite, ovos e fermento. Levava metade do dia para fazer o bolo, que custava menos de um dólar. Quando eu era menino, minha mãe fazia o bolo com mistura pronta. Que grande negócio para mamãe! Custava uns dois dólares e levava uma hora. Em minha época de adolescente hiperativo, ela já havia passado ao estágio três – encomendava o bolo em uma confeitaria local por dez dólares. Hoje, quando meu filho faz aniversário, eu tenho de proporcionar uma experiência inesquecível para ele e seus amigos numa casa de festas cheia de brinquedos ou num sítio com atividades esportivas e recreadores – e o preço já se aproxima dos cem dólares.

Mesmo na ponta final da operação – o atendimento ao cliente – não é suficiente fornecer o serviço. O serviço tem de ser divertido e interessante. Empresas que criam experiências positivas são recompensadas com lealdade e com a disposição do consumidor de pagar um preço mais alto, ao passo que as empresas que só dão atenção ao básico não são.

Um dos melhores exemplos da fase da experiência é o fabricante de chips Intel. O objetivo da Intel é fazer com que você esqueça que eles fabricam chips para computadores e tenha uma experiência tão positiva ao entrar em contato com sua marca que tenha prazer com o produto sem sequer precisar saber o que ele realmente é. A maioria das pessoas não sabe nada sobre os chips da Intel, mas deseja tê-los dentro de seus computadores porque tudo o que a Intel faz é divertido, do aspecto vencedor do logo à sua simpática propaganda, como, por exemplo, a dos ETs que vêm à Terra à procura dos chips da Intel.

Quando você representa conhecimento, oportunidade, abnegação e intimidade, deixa de ser apenas um fornecedor de produtos e serviços. Você é divertido, você é interessante, você é valioso. Você leva as pessoas a lugares onde elas nunca estiveram, lhes mostra livros de que elas nunca ouviram falar, apresenta seus parceiros a pessoas que elas nunca sonharam que iam conhecer – em suma, você é um parque temático humano.

BENEFÍCIO 3

Você consegue fazer com que as pessoas lhe dêem atenção

A atenção é um dos recursos mais escassos do mundo, e as empresas se dispõem a gastar bilhões para conquistar a atenção de quem toma decisões. No livro *Marketing de Permissão*, de Seth Godin, o autor diz que, hoje, uma pessoa é bombardeada diariamente por cerca de três mil mensagens comerciais, enquanto a geração de nossos pais aturava apenas algumas centenas. E isso considerando somente as mensagens ao consumidor – os membros da comunidade de negócios estão sujeitos a uma quantidade de invasões criativas e não-criativas exponencialmente maior do que seus pais.

Atenção é dinheiro. Pense na televisão. Quando você constrói uma cadeia de televisão, sua primeira obrigação é conquistar globos oculares – você acumula bons conteúdos para que os telespectadores não possam parar de ver, até estarem todos prestando atenção. Depois você vende a atenção aos anunciantes. Não há nada mais valioso do que a atenção. Isso era verdade há cem anos, quando as pessoas passavam suas manhãs de domingo tomando café enquanto liam um jornal cheio de anúncios, e é verdade hoje, quando a atenção é mais escassa do que nunca porque temos muito mais lugares onde alocá-la – mídia impressa, rádio, televisão, telas de computadores.

Portanto, se você considera importante um bom retorno sobre o investimento, vai precisar pensar também no retorno sobre a atenção. Dê-nos um pouco de sua atenção exclusiva, dizem os *lovecats*, e nós lhe daremos um alto retorno sobre ela. Nós lhe forneceremos criatividade, ajudaremos a desbloquear a sua imaginação, construiremos a sua rede e lhe daremos uma base para a sua prática de negócios.

Quando a pessoa acha que dar sua atenção será valioso, ela o faz. Você passa direto pelas secretárias, pelos assistentes, pelos associados e por todo mundo que está aguardando na fila. Quando você conquista a atenção de pessoas importantes, você é um realizador de negócios. Se eu for capaz de prender a atenção do meu chefe, ou do diretor-executivo de alguma empresa, ou do meu fornecedor número um, durante 24 horas por dia, 7 dias na semana, 365 dias por ano, serei uma pessoa de grande de valor.

O amor no trabalho lhe garante atenção. As outras pessoas só conseguem tempo. A diferença entre ter o tempo e a atenção de alguém é a mesma que existe entre os ovos e o presunto. A galinha está envolvida, o porco está totalmente comprometido.

Todos estamos sujeitos hoje em dia a múltiplas solicitações. Não fazemos apenas uma atividade de cada vez. Enquanto falamos ao telefone, pesquisamos o nosso e-mail, respondemos memorandos e lemos os bilhetes que nos são passados. Mas, quando um *lovecat* lida com as pessoas, ele faz cessar as múltiplas solicitações e obtém a atenção exclusiva delas, porque a sua proposição de valor é alta. E os resultados são duradouros.

BENEFÍCIO 4

Você aproveita a força da expectativa positiva

Na tradição dos negócios, se você representa mudança, as pessoas sempre assumem uma posição contrária porque temem o risco. Mas, se você tem um bom relacionamento com seus parceiros, está armado com a confiança e o respeito deles, isso lhe dá uma margem de manobra maior para ajudá-los a mudar.

Tentar mudar um profissional de negócios é difícil. Tentar mudar uma pessoa que não confia em você é quase impossível.

Pense na seguinte situação. Você está em viagem de negócios numa cidade estranha e quer almoçar, portanto vai até o shopping center mais próximo e encontra um restaurante de uma cadeia conhecida e um outro chamado Sujinho. A maioria das pessoas não dá chance ao azar. A comida daquela cadeia talvez não seja a melhor do mundo, mas é conhecida e confiável. O Sujinho pode parecer interessante, mas não se sabe o que ele realmente oferece. É por isso que as empresas gastam rios de dinheiro para nos tornar familiarizados com elas e para nos fazer gostar de seus produtos. A expectativa é quem manda numa economia de escassez de atenção.

O mesmo vale para as pessoas. Como os *lovecats* constroem relacionamentos com alto grau de confiança, as pessoas irão presumir que seus argumentos são corretos, suas recomendações são sólidas e seus julgamentos, valiosos. Elas partem do princípio que nós sabemos de cor os interesses delas. No mundo dos negócios, isso é uma vantagem capaz de vencer qualquer discussão.

BENEFÍCIO 5

Você obtém um retorno excepcional

Antes de me tornar um *lovecat*, eu ganhava pelos meus serviços segundo o formato da velha economia. Se eu lhe desse um conselho fundamental sobre como dirigir a sua empresa, você tinha de me retribuir de alguma forma. Se eu lhe arranjasse um novo cliente, você tinha de fazer, em troca, alguma coisa por mim. A transação funcionava assim: eu faço meu trabalho, você me paga.

Hoje, como não trabalho sempre por dinheiro, como muitas vezes dôo os meus serviços, eu recebo em troca mais do que dinheiro. As pessoas estão mais inclinadas a me dizer quais de minhas idéias funcionaram, quais não. Elas me dizem quais de meus contatos foram úteis, quais não foram. Elas sabem que eu estou do lado delas e que estou genuinamente interessado em acompanhá-las, de modo que o meu relacionamento não termina com o fechamento do negócio. As pessoas continuam querendo falar comigo. Elas me dizem o que está indo para o buraco, o que está começando a dar certo e o que está voando nas nuvens.

A certa altura de minha carreira, por exemplo, eu acreditei que quem dava o primeiro passo sempre levava vantagem. Se você é o primeiro e o mais rápido com uma idéia, vence. Eu preguei isso com convicção até o dia em que o diretor-executivo de uma das maiores empresas varejistas do mundo me disse que, muitas vezes, era o quarto ou quinto a entrar num projeto porque gostava de esperar para ver como a idéia funcionava. Ele usava outros fatores, tais como relacionamento e talento, para vencer. Aí eu tirei a idéia do primeiro passo de meu repertório.

Esse tipo de retorno dá uma enorme vantagem porque aprendemos a respeito do que acontece quando o nosso conselho é implementado. Não é uma questão acadêmica. É real. E, com cada exemplo, nosso conhecimento cresce. Você sabe quando evitar uma situação e sabe quando patrociná-la. Você não vira um cê-dê-efe, com muito conhecimento livresco, mas sem nenhuma experiência prática.

E mais. Quem recebe o amor no trabalho tende a retribuir de outras formas. Por exemplo, recomendando livros e contatos e dando toques sobre novas empresas e tecnologias. Isso faz você se sentir bem com você mesmo e expande a sua rede. Afinal, à medida que você usa a sua rede, ela se amplia.

BENEFÍCIO 6

Você ganha satisfação pessoal

Vivemos uma época turbulenta. Dependendo de como fomos criados, das escolas que freqüentamos, dos empregos que os nossos pais tiveram, nossas expectativas podem ir às nuvens. Mas quantos de nós estão vivendo à altura de suas expectativas?

No passado, as pessoas julgavam suas carreiras em termos de hierarquia, status e dinheiro. Se você trabalhasse numa empresa durante muito tempo, estaria mais seguro no emprego, teria um cargo mais alto e direito a privilégios. Enquanto seguisse as regras e agregasse algum valor, você seria devidamente remunerado e teria direito a uma aposentadoria.

A nova economia destruiu esse modelo. As recompensas não são mais controladas por quem fez a promessa original. A empresa foi comprada, outra maior se incorporou a ela, o departamento sofreu cortes.

Outro dia mesmo eu conversava com Anna, uma velha amiga que

sempre acreditou que sucesso é uma questão de realizar os objetivos apropriados: notas fabulosas na universidade e ótimos empregos em sólidas empresas. Anna fez tudo isso. Presumiu que isso significava que ela estava a caminho do estrelato. O que ela não percebia era que agora cada vez menos pessoas se importavam com esse caminho. O motivo de nossa conversa foi que sua firma se incorporara a uma empresa maior. De repente, Anna teve de competir pelo seu próprio emprego. Na verdade, o que ela enfrentava era uma disputa para a nova corporação saber quem faria o melhor trabalho pelo menor salário. Anna não estava preparada para essa batalha. Apesar de seu brilhante currículo, ela perdeu para alguém que se dispunha a fazer o mesmo trabalho por menos dinheiro.

Vivemos numa época em que a informação é mais importante do que a antiguidade. No Vale do Silício, onde eu trabalho, você é pago pelo que sabe, não pelo tempo que leva circulando no mercado de trabalho nem pela universidade onde se formou. Isso é bom para alguns, ruim para outros. Gostemos ou não, está acontecendo por toda parte, emprego após emprego.

Para mim, essa mudança é boa. Ela me traz paz. Me torna mais valioso do que nunca, porque, por meio da construção de meus intangíveis, eu estou criando muito mais valor do que a minha posição exige.

Bob Marley disse certa vez que era atormentado por sua incapacidade de consertar todas as coisas. Às vezes é assim que nos sentimos em relação às nossas carreiras. Somos atormentados pelo nosso potencial. Ele parece nunca se realizar. Sentimos que poderíamos estar fazendo melhor. Mas, quando eu me abro para ser amoroso, me sinto em paz. Não sou atormentado pelo meu potencial. Sinto-me motivado, estimulado por ele, sei que o estou desenvolvendo melhor do que jamais havia conseguido fazer.

Toda vez que entro num aeroporto, eu observo o salão de espera. Eu conheço essas pessoas: estamos juntos várias vezes na semana, carregando bagagens de mão para não ter de despachá-las, nos apertando no portão de embarque para sair correndo como touros para pegar o melhor lugar. De vez em quando vejo alguém como eu e tento entabular uma conversa. Mas, na maioria da vezes, o que eu vejo são pessoas cansadas, tristes e abatidas voltando de um fim de semana que não foi longo o bastante, impacientes para que a semana passe logo, pensando na bebida que vão tomar esta noite quando chegarem ao lugar qualquer aonde estão indo. Será que em algum momento do curso secundário, da universidade, ou mesmo da pós-graduação, essas pessoas pensaram que hoje suas vidas seriam assim? Acho que a maioria diria "não". Mas aquele que se parece comigo diria: "É claro que sim! Mesmo a seis degraus do topo da escada, eu adoro esse negócio."

A felicidade pessoal é importante. Mas, como você pode ser feliz na vida, se não é feliz no trabalho? Desde que aderi ao amor no trabalho, eu me sinto contente o tempo todo – e este, com certeza, não era o modo como eu costumava me sentir. Antigamente eu pensava: "Quem vai me pagar pelos meus conselhos?" Hoje eu dou conselhos sabendo que é o ato de dar que importa, não o retorno tangível. Há alguns anos, eu odiava a minha profissão, não suportava trabalhar para O Homem e ficava ansioso para que o fim de semana chegasse logo. Agora me sinto bem comigo mesmo. Eu mudo a vida das pessoas. Eu gosto de catequizá-las. Eu as vi se transformarem. Elas se tornaram ratos do conhecimento, pessoas que estão o tempo todo experimentando, aprendendo a amar e dizendo isso em alto e bom som.

O amor no trabalho proporciona uma genuína satisfação.

❖

Se você odeia o seu trabalho, você é um zumbi. Se você gosta do seu trabalho, você está vivo. O amor no trabalho é a ponte entre os vivos e os mortos das 8 da manhã às 8 da noite. Alguns de vocês já são brilhantes, bem informados e generosos com seus cadernos de telefones. São seres humanos que sorriem, escutam e emocionam. Aos olhos de seus colegas e parceiros, vocês são incríveis. Atraem as outras pessoas como uma lâmpada atrai as mariposas. Ninguém sabe exatamente por que, mas a resposta é simples. O amor é a sua melhor estratégia.

Mas não se deixe enganar. Os *lovecats* não são moles nem vulneráveis. Somos respeitados por nossos pares. E cuidamos daqueles a quem amamos. Nós, *lovecats*, adoramos crescer – isto é, nós nos certificamos de que as nossas estratégias continuem a prosperar à medida que amamos mais e mais pessoas. Afinal de contas, o risco do fracasso atinge muita gente no mundo dos negócios.

Se a sua estratégia é emprestar dinheiro, desrespeitar as regras ou demonstrar preferência por pessoas específicas, seu amor não se amplia. Em algum momento você vai ficar sem dinheiro, em algum momento alguém vai colocar as regras sob sua responsabilidade, em algum momento as pessoas às quais você deu tratamento preferencial não retribuirão da maneira que você esperava. Seu método, então, entrará em colapso. Você nunca vai chegar ao ponto de poder ajudar muitas pessoas e sustentar a sua estratégia.

É isso o que eu digo àqueles que me perguntam cinicamente se não é tolice ser generoso nos negócios. Se você não mantiver a guarda alta, dizem eles, se você oferecer demais, será devorado vivo.

Não é essa a questão, eu respondo. Se eu agir dessa forma, é claro que o meu sistema entra em colapso. Mas eu não sou um idiota.

A diferença entre o amor bom e o ruim é de amplitude. A pergunta a se fazer sobre o amor que você oferece é: Será que daria certo eu projetá-lo para um grupo mais amplo? Não se trata de uma questão ética a propósito de quando ser simpático e quando não ser. É uma questão fundamental de negócios. Quando amar não fizer sentido, não ame. Quando fizer sentido, ame.

Sua vida profissional e sua vida pessoal são diferentes. As decisões pessoais se baseiam no que é melhor para você, sua família e seus amigos. As decisões de sua vida profissional se baseiam no contrato que você firmou de criar mais valor do que ganha com seu salário. Se você não agrega valor para a sua equipe ao demonstrar amor por alguém, não o faça.

❖

Agora que você já sabe o que é um *lovecat*, o que tem de fazer para se tornar um? Siga os meus três passos: aumente o seu conhecimento, amplie a sua rede e compartilhe a sua compaixão. Os passos devem ser dados nessa ordem porque, colocando o conhecimento na frente, você será visto como uma pessoa informada, o que dará credibilidade a tudo o mais que você fizer. Começar pelo conhecimento me proporcionou um dos maiores sucessos da minha vida profissional. Na verdade, fez decolar a minha carreira no Yahoo!

Quando o Yahoo! comprou a Broadcast.com em 1999, eu me transformei no protótipo do trabalhador adquirido. Um trabalhador adquirido precisa de um padrinho para chegar a algum lugar numa nova empresa – alguém que diga: "Esse sujeito tem valor. Preste atenção nele." Eu não tinha um padrinho. Eu não tinha certeza quanto ao meu futuro.

Falar em cafés da manhã de trabalho fazia parte da minha rotina porque eu gostava de agitar o meu pessoal. Continuei a fazer apresentações orais até que Mike Nelson, um dos nossos vice-presidentes regionais, me ouviu falar numa grande conferência do Yahoo! Ele achou que eu tinha jeito para motivar as pessoas.

O então diretor de marketing e vendas da empresa, Anil Singh, uma das mentes mais brilhantes do negócio da Web, é um sujeito totalmente na dele. Eu achava que era preciso o seu apoio para alguém se tornar uma peça importante na empresa, mas Anil não comparecia às apresentações. Vivia ocupado. Um dia eu estava dando uma palestra sobre a economia da experiência, e Mike disse a Anil: "Você precisa ouvir este cara."

A palestra estava indo bem. Todos estavam gostando, loucos para sair agitando o mundo inteiro. No final, esse homem de pouquíssimas palavras sorriu e disse: "Impressionante."

Dois dias depois ele me convidou para uma reunião de executivos, para falar junto com o famoso escritor Seth Godin. O retorno foi positivo. O presidente do Yahoo!, Jeff Mallet, me convidou para ir trabalhar na Califórnia e fazer parte do time. Minha carreira estava decolando.

Pouco depois, trabalhando num projeto com a requintada loja de departamentos Neiman Marcus, conheci Ginger Reeder, diretora de relações públicas da companhia. Comecei imediatamente a catequizá-la para a idéia da economia das redes com livros como

Vantagem Competitiva na Internet. Também enfatizei que o atendimento ao consumidor estava renascendo na rede, como Patricia Seybold explicava em *Clientes.com*. Ginger decidiu me dar acesso ao presidente de honra da Neiman Marcus, coisa que raramente faz. Ela resolveu nos apresentar porque achou que era uma boa idéia.

Quando eu encontrei Stanley Marcus – conhecido como Mr. Stanley, para se diferenciar de seu pai, o fundador da empresa –, ganhei rápida credibilidade falando sobre as idéias que aprendera em um novo livro, *Costumer Capitalism*, de Sandra Vandermerwe, e mostrando como elas poderiam beneficiar os negócios da Neiman Marcus.

Mr. Stanley me disse que, se pudesse, voltaria ao tempo em que a loja mantinha um fichário para que os vendedores lembrassem os tamanhos de todos os seus clientes, assim como suas cores e marcas favoritas. "Ficamos grandes demais para fazer isso", ele suspirou.

Aí eu disse que ele podia criar o equivalente a um fichário, usando a Internet. Falamos, por exemplo, sobre a nova parceria do Yahoo! com a Neiman Marcus: estávamos para lançar o seu catálogo anual pela rede. Faríamos uma promoção, convidando os clientes a atuarem como "consultores de presentes imaginários", apresentando sugestões para acrescentar ao catálogo. Aproveitaríamos para pedir seus dados para enviar informações digitais e impressas. Isso daria à Neiman Marcus a possibilidade de ouvir seus clientes e obter permissão para falar com eles de graça, para sempre. Eu conectei a idéia da Internet com a antiga loja da esquina em termos de personalização e serviço customizado um para um. Como diz Mr. Stanley: "Consumidores são estatísticas, clientes são pessoas."

Recomendei também alguns livros e lhe dei um abraço afetuoso, iniciando assim uma conexão sólida e duradoura.

❖

Nos capítulos seguintes você ficará sabendo como colocar em prática o amor no trabalho. Qualquer um pode ser um *lovecat*. Todos temos os elementos necessários dentro de nós. O resto vem com o estudo, a prática e o aperfeiçoamento. Pense em uma característica humana qualquer, como, por exemplo, a capacidade de observação: todos nascemos com uma certa capacidade de observação, mas ela também pode ser melhorada. E pessoas que precisam ser observadoras – de detetives de polícia a viciados em cartas – podem apurar suas técnicas ao longo do tempo.

O mesmo vale para as pessoas amorosas no trabalho. Pegue todas as qualidades que você já tem, e que são capazes de torná-lo um bom *lovecat*, e comece a afiá-las para se tornar um grande *lovecat*, começando pelo primeiro passo: o conhecimento.

II
Conhecimento

O primeiro passo no cultivo do valor é a aquisição de conhecimento.

A moeda mais comum no ambiente de trabalho é a moeda social, que em geral consiste em conversas: o placar dos jogos, o tempo, o papo no cafezinho. São conversas que dão a todo mundo um pretexto para falar e, se você for capaz de obter uma reação positiva das pessoas, terá em mãos uma moeda social forte. Mas essa conversa não gera conseqüências. O seu valor passa logo. As pessoas podem achar que você é divertido, mas isso não quer dizer que você pode fazê-las ganhar dinheiro.

O conhecimento, porém, tem conseqüências. A moeda do conhecimento é moeda social com esteróides. É importante, poderosa e essencial. É, portanto, *moeda de valor*. Uma pessoa falando sobre um programa humorístico ou uma novela talvez atraia uma breve audiência em volta do bebedouro. Mas alguém que fala às pessoas sobre *O Dilema da Inovação*, de Clayton M. Christensen, que consegue ajudá-las a ligar essas idéias às suas carreiras e que as incentiva a comprar o livro para melhorar seu desempenho no trabalho, é genuinamente valioso. (*O Dilema da Inovação* discute a forma como as rupturas tecnológicas como o Honda Supercub, o processador Intel 8088 e as escavadeiras hidráulicas ajudaram a redefinir a concorrência em seus respectivos mercados.) É a mesma diferença entre saber qual time está em primeiro lugar no campeonato e que nova idéia gerencial pode catapultar uma carreira.

É por isso que você adiciona saber. É por isso que você transmite conhecimento. Não é a mesma coisa que dizer como se perde peso, que dar uma dica de exercício físico ou a receita de um bolo de baixa caloria. Você está passando a uma pessoa um conhecimento que pode impulsionar a carreira dela. Você está se tornando um *lovecat* capaz de lançar teorias, citar especialistas e desenvolver conhecimento, e é isso que faz com que se sobressaia na multidão. É por isso que as pessoas continuam o procurando.

❖

Considerando a imensa quantidade de conhecimento disponível no cardápio, qual é a sua escolha? Para um estudante universitário a resposta é simples: os livros didáticos indicados são a base da sua dieta, suas leituras são ampliadas com base em pesquisas adicionais, ele toma notas durante as aulas e passa nas provas para mostrar que fez tudo isso.

Mas agora você não está mais na universidade. Pode fazer o que quiser. Você gosta de variar ou é do tipo que come sempre a mesma coisa? Costuma mesclar revistas, livros, televisão e rádio? Eu digo que não há outra saída. Pensei em todas as possibilidades e concluí que a resposta são os livros. Eles devem ser a base da sua dieta porque constituem a refeição mental completa, com hipóteses, dados, pesquisas e conclusões – todos os ingredientes necessários para a transferência de conhecimento. Quando são bons, eles contêm a proposição de valor essencial, a afirmação ou fato que proporciona ao leitor uma perspectiva única.

Artigos de revista são pratos leves, os lanches entre as refeições. Não têm necessariamente a intenção de passar um pensamento acabado, mas podem conter o cerne de uma idéia e algumas boas recomendações de livros para se ler. De vez em quando você pode até encontrar uma reportagem com algum conhecimento real e poderoso. Mas é exceção: artigos de revista são, quase sempre, veículos comerciais – os editores os utilizam para posicionar a sua propaganda. Eles não constroem a sua fortaleza.

A mídia jornalística – eletrônica ou impressa – equivale aos doces e sorvetes: agradáveis de comer, mas inadequados como base da alimentação. As idéias expressas no noticiário da TV ou numa reportagem de jornal ou revista são demasiado estreitas e transitórias, vêm embaladas e pré-digeridas para consumo de massa. No mundo dos negócios, poucas coisas são mais constrangedoras do que tentar fazer boa figura com o que você leu no jornal de hoje. Quase sempre termina em fracasso porque, na hora em que alguém contesta o que você disse, a sua falta de profundidade fica evidente.

Com notícias, você fica sabendo. Com livros, você conhece. Ficar sabendo é uma medida do hoje. Conhecer é uma medida do ontem, do hoje e do amanhã. Ficar sabendo é finito. Conhecer é para sempre.

Não sei se vocês já ouviram falar da regra do 80/20. Por exemplo, 20 por cento dos clientes são responsáveis por 80 por cento dos negócios. Eis aqui outra regra 80/20: gaste 80 por cento de seu tempo com livros e 20 por cento com artigos de revistas e jornais.

E quando falo de livros, eu não me refiro a qualquer um, e sim aos livros feitos para serem estudados, que tragam uma contribuição para a sua carreira e para a sua vida. Eu não leio um livro só para dizer que li. Eu o leio de um modo que, quando acabo, as páginas estão cheias de anotações e eu posso usá-lo pelo tempo que precisar.

É verdade que alguns livros são caros. Mas estou falando da sua carreira. Se você pode dar festas, comprar novidades eletrônicas e comer em restaurantes da moda, pode também investir em conhecimento. E se esse custo adicional for uma barreira para seus colegas de trabalho, lembre-se de que existem obstáculos em toda atividade onde há competição. Ao comprar livros, você se dá uma oportunidade de brilhar: as leituras de hoje alimentarão a sua capacidade de lucrar amanhã.

Falando claro, os livros são o máximo. Diversão por muito tempo. Um livro se torna um assunto pessoal na primeira vez que você faz uma anotação nele, na primeira vez que vira a capa para trás. Há algo de maravilhoso no farfalhar das páginas. É emocionante anotar as idéias que lhe interessam. O seu livro logo se torna mais do que simples páginas entre duas capas. Ele se converte em passaporte para o seu sucesso. Parabéns! Você acaba de levantar vôo.

❖

Eis aqui um programa prático de quatro passos, pensado para fazer o conhecimento trabalhar para você: (1) agregar, (2) codificar, (3) processar e (4) aplicar.

Vejamos o passo 1, **agregar**. Como é que você descobre que livros precisa ler? Vou dar um exemplo. O técnico da seleção brasileira de vôlei masculino, Bernardinho, por exemplo, se entrega de corpo e alma ao seu trabalho. Ele assiste aos vídeos dos jogos das outras seleções para entender quais são as jogadas ensaiadas, saber qual o melhor atacante do outro time e onde o bloqueio deve subir para evitar um ataque vitorioso do adversário. Com toda essa determinação, Bernardinho levou a seleção brasileira a ganhar, pela primeira vez, o Campeonato Mundial de Vôlei, em 2002.

Leia livros para "se entregar de corpo e alma" ao seu ofício, da mesma forma que Bernardinho se entrega ao dele. Se eu tivesse pretensões de ser banqueiro, ia querer saber tudo sobre o impacto da globalização no mercado financeiro para poder agregar valor às conversas sobre negócios. Se fosse um profissional de recursos humanos, ia querer dominar as questões de comportamento humano relativas ao meu trabalho de maneira que pudesse guiar o bando em vez de ser guiado por ele. Ao adquirir o conhecimento adequado, estou me autopromovendo no melhor sentido da palavra: aos olhos dos outros, é como se eu passasse de soldado raso a general de quatro estrelas.

Para agregar, você precisa encontrar o material certo. Não é difícil. Existem livrarias em toda parte. Visite-as. Vagueie pelas estantes. Reserve bastante tempo para isso. Examine os livros com atenção, procurando as palavras-chave, aquelas que são importantes para você.

Eu, por exemplo, sempre que entro em uma livraria procuro palavras ou expressões específicas, como *marketing de marcas*, *globalização*, *nova economia*, *parcerias*, *alianças estratégicas*, *futuro*. Quando vejo qualquer uma delas no subtítulo ou na contracapa de um livro, eu o examino com cuidado.

Cheguei às minhas palavras-chave quando comecei a trabalhar na Broadcast.com. Eu prestava atenção a todo material escrito que passava na minha frente, fosse papel ou e-mail. E, visto que eu tinha, assim como todos os demais empregados, acesso à história da empresa, resolvi me debruçar sobre temas importantes, como as cinco maiores propostas não-vencedoras que havíamos feito no ano anterior. Certas expressões apareciam repetidamente nos relatórios, como *marketing de marcas*, sobre o qual eu sabia muito pouco, ou balanço de *lucros e perdas*, que eu não compreendia. A partir daí, comecei a dar forma à minha lista de leituras.

Se você trabalha na área de vendas, deve procurar palavras como *negociação, fechamento, decisão, clientes permanentes, satisfação do cliente, persuasão*. Um empresário deve pesquisar *teoria econômica, macroeconomia, histórias de sucesso, lucro, alocação de capital, investidores, levantamento de empréstimos, plano de negócios*. Um advogado deve procurar *técnicas de negociação, ciência do comportamento, discurso público, influência da política na legislação* e *influência da legislação na política*.

Se você não consegue chegar a palavras-chave específicas, passeie pela seção de negócios. Pegue quantos livros puder. Não olhe apenas nas estantes de mostruário. Estude as lombadas dos livros que ficam nas prateleiras. Leia as orelhas e contracapas. Procure comentários de outros autores que você já conheça ou de homens de negócios que admire. Veja o sumário. O livro desperta seu interesse? Conhecer o que ele anuncia seria útil?

Entre no site de alguma livraria *on line*. Aí você pode escrever suas palavras-chave e pesquisar todos os volumes disponíveis sobre o tema. Tire partido dos sites que recomendam livros. Veja quais foram comprados por pessoas com interesses similares aos seus e siga os *links* até chegar a eles. Se não pode investir quanto gostaria, seja engenhoso. Uma boa estratégia é tentar convencer seu patrão a pagar os livros que serão úteis ao seu trabalho. Dê a idéia de criar uma pequena biblioteca na empresa, colocando esses livros à disposição de todos os funcionários. Nem todos os chefes concordam, mas acredito que muitos vão achar a sua iniciativa interessante. Perguntar não ofende, nem vai arranhar a sua marca.

Em seguida, comece a procurar recomendações de livros nos jornais que você lê. Revistas como *Exame*, *Você S.A.* e *IstoÉ Dinheiro*, por exemplo, trazem ótimas recomendações na área de administração empresarial. Se você tem acesso a revistas em inglês, pode consultar também a *Business Week* ou a *Fast Company*.

Pergunte aos amigos os títulos de seus livros favoritos. Além de conseguir boas dicas, você estará lhes proporcionando uma forma de demonstrar seu amor. E você, por sua vez, estará lhes incentivando a ler mais, pois eles vão sentir que suas recomendações significam alguma coisa para os outros. E mais, compre livros para os seus colegas de trabalho. Eles lhe darão retorno. Você vai ver.

❖

Depois de **agregar**, a etapa seguinte é **codificar.**

Codificar significa digerir inteligentemente e por completo a sua refeição de conhecimento.

Para consumir seus livros adequadamente, você precisa encontrar lugares para ler – aquilo que eu chamo, no jargão da Internet, de MeusLugares. Se você já escolheu os seus sites "favoritos" na rede, faça a mesma coisa com a sua dieta de conhecimento. Descubra os lugares onde você gosta de ler ou onde tem tempo de fazê-lo. Crie o hábito de ler no avião, no metrô, no ônibus, no táxi. Você começará a associar os lugares onde come, dorme, viaja e até onde fica preso no engarrafamento com lugares de leitura. Logo irá descobrir que, sempre que aparece um momento de folga em qualquer desses lugares, a leitura se converte numa segunda natureza. Ao contrário dos computadores, que levam um tempo para serem ligados, os livros "ligam" imediatamente. Você também. Tenho um amigo que deixou de ir de carro para o escritório porque descobriu que o ônibus do condomínio (confortável e com ar condicionado) era um excelente MeuLugar de leitura.

Não faz muito tempo, durante uma viagem a Austin, onde eu ia falar para um grupo de executivos da Dell Computer sobre criação de marcas digitais, fiquei lendo um livro chamado *E-Brands*, de Phil Carpenter, um estudo de caso de seis empresas que construíram grandes marcas. Enquanto o avião estava parado na pista de decolagem por causa do grande movimento no aeroporto, eu li quarenta páginas e selecionei muitas passagens. Tinha acabado de descobrir um dos MeusLugares preferidos.

A certa altura, dei uma parada e percebi que o homem ao meu lado olhava para o vazio, enquanto outros dois na fila do meio liam a revista do avião. Com toda certeza, esses caras já haviam lido essa mesma revista umas duas vezes. Duas mulheres perto de mim dormiam, e a maioria das pessoas já estava no segundo drinque. Uma vez mais eu tive vontade de dizer: "Que diabos vocês estão fazendo? Vocês não se dão conta de que as coisas estão mudando rápido demais? Não têm idéia de como estão ficando para trás? Todos vocês já devem ter feito coisas relevantes na vida para chegar aonde estão hoje. Por que é que deixam pessoas como eu ultrapassá-los?"

O lugar mais fácil de transformar em lugar de leitura é a cama. Você pode colocar quantos livros quiser na sua mesa-de-cabeceira, mergulhar em um deles antes de pegar no sono e deixá-lo se misturar aos seus sonhos.

Agora que já localizou os lugares certos para ler, você pode começar a codificar.

Não se esqueça de que você está lendo, antes de mais nada, em busca de alguma aplicação futura. Não se trata de mera diversão – ainda que se possa, é claro, desfrutar esse tipo de leitura, sabendo que digerir informação útil é olhar para o amanhã, é criar moeda de grande valor.

Ao ler um livro, você deve codificá-lo: primeiro você *marca* os trechos que acha importantes, depois *faz anotações*. Isso significa que você deve ler ativa e interativamente. Procure em seu livro coisas que valham a pena reter e crie um sistema que lhe permita recuperar essas passagens rapidamente. Tenha sempre à mão uma caneta – a menor possível, que possa servir também de marcador de livros. A questão é: sempre que estiver lendo, escreva.

Eu marco as passagens sublinhando, porque me força a reler a frase. E sublinho devagar, para ter certeza de que estou lendo com atenção. Na infância, eu passava horas observando a minha mãe ler a Bíblia, marcando-a cuidadosamente com a caneta e sublinhando tudo o que queria lembrar. Quando perguntei por que ela demorava tanto, mamãe disse que não estava apenas sublinhando – estava estudando a passagem enquanto marcava. Portanto, é isso que eu faço hoje em dia. (Quando as passagens são longas, ou o papel do livro é muito poroso, parênteses nítidos também funcionam.)

Eu faço também anotações nas margens, interpretando o livro para referência futura. Dessa forma, se não lembro do que trata uma passagem difícil, eu tenho à mão a minha própria interpretação.

Ao marcar, eu procuro conteúdos específicos, começando por definições contextuais, que têm importância capital. São poucas as definições de dicionário para essas palavras e frases, de maneira que você dependerá do livro para saber o que elas significam. Portanto, toda vez que eu vejo uma definição, eu marco.

Você não vai encontrar no dicionário, por exemplo, uma definição razoável para a expressão "efeitos de rede" e, mesmo que encontrasse, não seria uma definição comum. Em negócios, certas palavras e expressões mudam de conotação mais rapidamente do que se publicam dicionários. Se eu não tivesse marcado e estudado a expressão na primeira vez em que ela apareceu, ficaria totalmente confuso na próxima vez que a visse.

Tive de fazer a mesma coisa para saber o sentido corrente de expressões como "retornos crescentes" e "valor atual líquido".

Da mesma forma, ao ler um livro sobre administração, posso encontrar boas definições de "métrica", "otimização", "legado". As definições do dicionário para essas palavras costumam ser diferentes daquelas atribuídas pelo autor, de maneira que quando elas vêm acompanhadas de exemplos reais e explicações específicas, baseadas em seu uso no campo da administração, eu marco também.

Cada livro também traz sua Idéia Central. Em algumas passagens, o autor explica, com clareza cristalina, a mensagem principal que quer passar para os leitores. Em *O Ponto de Desequilíbrio*, por exemplo, o escritor Malcolm Gladwell usa a História para mostrar que "as idéias, produtos, mensagens e comportamentos se espalham como vírus". Eles assumem vida própria e são espalhados por vendedores de talento, que usam técnicas singulares de comunição. Essa idéia me ajudou a entender como construir, controlar e multiplicar "vírus sociais" com o objetivo de administrar meu negócio de maneira mais eficiente. Ajudou-me também a recrutar melhores talentos: aprendi a reconhecer um bom "marqueteiro viral", pois compreendo as suas técnicas. Isso me deu um enfoque alternativo para a divulgação de novos produtos: envolver o enxame e colocá-lo para fazer marketing para mim. Foi o máximo.

Costumo marcar também afirmações que dão suporte a outras Idéias Centrais de outros livros. Nós não queremos ser mágicos de um truque só em questões importantes. Quando você percebe a maneira como a tese de um livro pode apoiar a do seguinte, deve se aprofundar nela. E a profundidade do conhecimento lhe dá mais ferramentas para implementar o potencial dos negócios.

Acabo de ler *Marketing Boca a Boca*, de Emanuel Rosen. Sua Idéia Central é a de que os bons produtos se espalham boca a boca, graças ao poder dos conectores humanos (grandes comunicadores, capazes de passar informação às suas redes). Desde que li *O Ponto de Desequilíbrio*, eu já estava ligado nos aspectos técnicos da comunicação boca a boca. Eu sabia também que, historicamente, quando o boca a boca alcança um certo limite, começam a acontecer coisas boas. No entanto, Rosen vai além, observando que este tipo de marketing pode ser apoiado pela embalagem e pela posição do produto.

Gladwell diz: os vírus explodem. Pegue pessoas talentosas que espalhem o vírus e leve sua idéia ou produto além do ponto-limite. Rosen: o boca a boca se transforma em vírus a partir da comunicação pessoa a pessoa. Gladwell mais Rosen: um panorama completo das possibilidades do boca a boca/viral. Duplique os exemplos e você ganha em profundidade.

Eu marco as citações, as histórias interessantes, os melhores exemplos e as declarações poéticas que gostaria de citar para os meus parceiros. Kevin Davis dá ótimos conselhos de vendedor para vendedor em seu livro sobre como entender o que se passa na cabeça do consumidor (*Getting Into Your Customer's Head)*. Eis aqui uma coisa que marquei: "A abordagem tradicional em vendas deixou de ser eficaz porque os compradores hoje em dia não estão dispostos a ir atrás de você. Eles não querem que alguém lhes venda alguma coisa. Querem tomar decisões de compra bem informadas. Para fazer uma venda, você tem de juntar-se a eles no processo da compra."

Ao mesmo tempo que marco, eu faço minhas anotações. Todo mundo tem seu sistema de *anotar e resumir*. O meu é escrever notas na primeira página em branco do livro – resumos de não mais de uma linha para cada passagem importante, que me ajudam a recuperar cada uma das idéias, definições e tabelas do livro quando retorno a ele. Além disso, o ato de escrever essas notas me ajuda a entender cada conceito, aumentando a probabilidade de que eu o guarde em minha mente.

A última parte do sistema consiste em copiar as citações no verso da contracapa. Todas serão futuramente usadas nas suas apresentações, o que irá ajudá-lo enormemente a preparar a sua próxima palestra ou trabalho escrito.

Você não precisa copiar o meu sistema. Desenvolva você mesmo um que seja confortável para você. Mas desenvolva-o hoje mesmo.

❖

Depois de agregar e codificar, é hora de **processar.**

Como a nossa época de universidade ficou para trás, não temos mais professores, trabalhos semestrais nem exames finais para testar o estado de nossas leituras. Temos portanto de nos assegurar de que estamos digerindo, ou processando, adequadamente toda a informação que marcamos e resumimos.

Dependendo do nível de complexidade do livro que você está lendo, é conveniente revisar os capítulos principais antes de seguir adiante. Digamos que você está lendo um livro de três partes sobre gerência de vendas. Quando terminar a primeira parte, volte atrás e reveja as suas anotações para ter certeza de que realmente entendeu o que leu, antes de começar a segunda parte. Isso enriquecerá enormemente a sua compreensão do conjunto da obra. Muitas vezes nós nos lançamos à frente, inseguros de nosso aprendizado, mas impacientes para chegar ao final. Não faça isso. Revise. Na faculdade nós sempre fazíamos a revisão. Porque funciona.

Sempre que fizer uma sessão de leitura de mais de trinta minutos (o que pela minha experiência é o tempo que a maioria das pessoas consegue se manter concentrada em uma coisa nova), feche o livro e os olhos. Deixe a mente vagar durante alguns minutos. Permita que as idéias se conectem na sua cabeça de outras formas que não aquelas que estão no papel.

Terminado o livro, escreva uma crítica. Faça-o como um resumo para você mesmo, ou acesse uma livraria *on line* e envie a sua resenha para que outras pessoas a leiam. Os outros vão avaliar, responder, ver o seu perfil: quem sabe você encontra afinidade com algum grupo e cria um clube do livro digital?

A crítica não precisa ser longa. Apenas descreva a Idéia Central, diga se o autor a transmitiu de maneira eficaz e faça a sua avaliação sobre o valor da idéia. Reproduza a sua citação favorita também.

Varie o estilo das suas leituras. Freqüentemente eu me vejo limitado a livros caros da editora de uma escola de administração. Às vezes a gente precisa sair de nosso universo e procurar outras referências. Há alguns anos eu li *A Arte da Felicidade*, do Dalai-Lama, em busca de um outro tipo de enfoque sobre motivação humana: seus ensinamentos expandiram minhas aptidões de *lovecat*.

O Dalai-Lama me ajudou como gerente, ensinando-me muitas coisas sobre a ética das relações humanas, dentro e fora do mundo dos negócios. E tirou o peso do mundo de cima de meus ombros, ao dizer: "Você não tem de ser um deus. Basta parar de ferir as pessoas." Parece incrível, mas eu não sabia disso – pensava que a gente tinha de fazer o impossível todos os dias. Ele também me ensinou que não se pode ser bom para todas as pessoas todo o tempo, mas é possível parar de ser mau com elas praticando a paciência e a tolerância, o que foi importante para mim no que diz respeito aos meus sentimentos em relação aos subordinados e concorrentes.

Outro autor que adorei foi Abraham Maslow. Ao ler *Toward a Psychology of Being*, senti como se estivesse colocando óculos novos para enxergar as pessoas mais claramente. Ele diz: "Embora os seres humanos sejam capazes de egoísmo, luxúria e agressividade, não é isso o que eles são essencialmente. Debaixo da superfície, no núcleo psicológico e biológico da natureza humana, se encontram a bondade e a decência fundamentais. Quando as pessoas não parecem estar sendo boas e decentes, é porque estão reagindo a tensões, a alguma dor ou à privação de necessidades humanas básicas, como segurança, amor e auto-estima."

Eu já sabia que no mundo dos negócios as pessoas suspeitam umas das outras, e com razão, considerando as traições e duplicidades que às vezes acontecem. Maslow ensinou-me, porém, que as pessoas são boas até prova em contrário e que, quando são más, é porque sentem alguma necessidade acima de seu controle.

Quando você entende a diferença entre natureza humana e motivação, adquire mais capacidade de prever o resultado das interações humanas e de relevar comportamentos não-convencionais, tornando-se mais racional no trato com as pessoas e um gerente melhor. Isso ajuda você a ser um *lovecat*.

Pegue livros emprestados com outras pessoas para ver como elas os marcaram e anotaram. Você ganhará uma nova perspectiva. Eu faço isso cada vez mais: ver a percepção que outra pessoa tem de um livro me dá muitas vezes uma compreensão inteiramente nova. Depois nós conversamos sobre nossas respectivas técnicas de leitura para construir juntos um método ainda mais eficaz de adquirir conhecimento.

Mas nunca pegue emprestado um livro como alternativa a possuí-lo e estudá-lo você mesmo. Se você tem estômago para essa metáfora, olhar as notas de outra pessoa sem ler efetivamente o texto é como digerir o jantar comido por outra pessoa.

Algumas notas suplementares sobre como **processar**: assuma o compromisso de revisar um ou dois livros por semana. Mas, ao revisar, não é necessário reler tudo. Volte a um livro que tenha relevância para um novo projeto, uma nova discussão, um novo sonho, e passe os olhos nas suas anotações. Se o seu resumo tiver sido bem-feito, você não vai precisar de mais do que meia hora para lembrar da Idéia Central. Depois feche os olhos e deixe a sua mente viajar pelo tema.

Se fizer isso regularmente, os livros que está lendo farão mais sentido, especialmente quando eles tiverem relação com seus velhos favoritos. Estou lendo atualmente um livro sobre inovação em negócios chamado *Liderando a Revolução*, de Gary Hamel. Hamel diz que a inovação é mais importante que a invenção – e que a verdadeira inovação implica demolir e recriar por completo um conceito de negócios. No caminho, ele discute como a IBM passou por um processo completo de auto-inovação rumo a um novo tipo de negócio (transformando-se em uma empresa de serviços e não só de produtos). Para chegar à sua Idéia Central, Hamel usa pequenas idéias que aparecem em outros livros que eu já li, e esses subconceitos estimulam a minha memória. Assim, quando reflito sobre a sua idéia de que o valor de uma rede é igual ao quadrado do número de pessoas que ela tem, penso em *Vantagem Competitiva na Internet*, de John Hagel. Essa é justamente a premissa do livro: amplie a sua rede e o valor dela crescerá ao quadrado. Entendendo Hamel, eu entendo mais completamente Hagel.

Às vezes você poderá achar artigos de revistas que validam ou negam teorias de livros que já leu. Arranque a página e coloque-a dentro do livro em questão, para futura referência. Faça uma anotação sobre o artigo antes de guardá-lo, de maneira que você possa mais tarde se lembrar de sua importância. Alguns de meus livros parecem pequenos arquivos de documentos.

Leve os livros que você já terminou para o trabalho e crie uma biblioteca. Estando cercado deles o dia inteiro, é muito mais provável que compartilhe com seus parceiros as idéias que eles contêm. Eu tenho duas bibliotecas pessoais. Uma em casa, onde deixo o que ainda não li, e outra no escritório, com os exemplares que já foram totalmente lidos e digeridos. A biblioteca do trabalho serve de referência para os negócios e permite que eu seja mais produtivo durante o tempo livre. Minha biblioteca é uma maravilhosa chave de ignição para conversas, e eu recorro a ela constantemente durante meus infindáveis esforços para recrutar novos *lovecats*.

Observação: Mantenha em sua biblioteca exemplares extras de seus livros favoritos. É difícil encontrar um presente melhor do que um livro, especialmente depois de uma reunião.

❖

Depois de agregar e processar, vem a última etapa, **aplicar**, que trata efetivamente do compartilhamento. Assim como a razão de possuir coisas é poder compartilhá-las com outras pessoas, a razão de adquirir conhecimentos é poder compartilhá-lo também. Do contrário, não chegamos realmente a distribuir amor.

Aplicar quer dizer empregar e alavancar o seu conhecimento no local de trabalho. Por exemplo, digamos que você é do ramo gráfico e está falando com seus colegas de trabalho a respeito de um livro sobre novas tecnologias e suas implicações para os clientes. Você transmite o núcleo dessa idéia de uma forma tão concisa que faz com que eles vejam seus negócios com outros olhos. Eles se interessam tanto que resolvem até comprar o livro. Ou, então, você compra o livro para eles – o supremo ato de aplicação.

Muitas pessoas internalizam sua nova informação, transformando-a em saber privado, destinado a refrescar a sua adega intelectual. Não distribuem seu conhecimento. É um pouco como produzir um ótimo programa de TV que nunca vai ao ar.

A melhor coisa de compartilhar o conhecimento é que, quanto mais você o aplica, mais ganha em retribuição. O conhecimento lhe dá idéias, o que facilita os negócios e proporciona melhores estratégias e visão mais clara. Você cria um sistema de troca de conhecimento. Algumas das melhores idéias de meu arsenal surgiram a partir de dicas de leitura de pessoas que eu estava catequizando com um de meus livros favoritos.

Uma última vantagem da aplicação: quando você fala de um livro, é obrigado a conhecê-lo de trás para a frente. Outro dia eu jantei com Oren Aviv, diretor de marketing da Buena Vista Motion Pictures, da Disney. Eu tinha acabado de ler *Building Brandwidth*, de Sergio Zyman e Scott Miller, que dizem que o marketing compreende tudo o que a empresa faz, da forma como o seu produto é embalado até o modo como ele se posiciona aos olhos de consumidor através da propaganda e da promoção. Tudo isso define o benefício do usuário. Se você cria um bom produto e o embala corretamente, você atende às expectativas. Você cria a antecipação por parte do consumidor.

Por isso, eu disse a Oren que a forma como a Disney embala um videogame ou edita um trailer deve sempre representar valor agregado para o consumidor. Ela tem de fazer o consumidor antecipar o prazer da experiência Disney. Oren concordou, acrescentando que isso lhe dava uma perspectiva renovada e positiva: de agora em diante, sempre que olhasse um anúncio, em vez de perguntar se ele era divertido ou engraçado, perguntaria se ele agregava valor. Se não fizesse isso, não servia.

Quando retornei ao escritório, eu enviei o livro para que ele próprio pudesse se aprofundar na idéia.

Quando pensar em aplicação, pense em como vai aplicar o que acaba de ler aos seus colegas e parceiros. Você está construindo a sua marca, de maneira que, quando as pessoas pensarem em você, estarão pensando no conhecimento que você lhes transmitiu. E isso você faz somando ou multiplicando valor em conversas apoiadas no que você sabe agora. Você vai tentar usar teorias, sugestões e idéias pesquisadas nos livros para resolver problemas de trabalho – afinal, muitos problemas do dia-a-dia dos negócios são evitáveis ou "resolvíveis" com teoria. É para isso que existem os MBAs e cursos de pós-graduação.

Observação: Quanto mais cedo aprender e difundir as idéias de um livro, mais irá lucrar com ele. E terá também a oportunidade de estar entre os primeiros a galgar a curva íngreme do conhecimento, o que significa que você vai ficar sabendo mais rapidamente quando uma nova idéia é relevante para os negócios. Enquanto os outros ainda estão refletindo sobre ela, você já se tornou uma autoridade no assunto. Portanto, não espere o livro chegar à lista dos mais vendidos para obtê-lo. Teste-o com você mesmo. Ouça os amigos: quando uma pessoa lhe der um bom livro, deixe que ela saiba o quanto você apreciou o gesto, para manter aberta a conexão. E desenvolva um relacionamento firme com seu livreiro para que ele o guie a outros livros similares aos que você já comprou.

Aplicar implica três passos, além de algumas observações adicionais para os que têm dificuldade de comunicação. Esses passos estão todos interligados: cada um conduz ao seguinte.

PASSO 1

Certifique-se de que você domina a Idéia Central do livro, resultado de sua codificação e processamento.

Quando conhecer bem a idéia, experimente representá-la graficamente. Você não precisa ser um Picasso, mas há qualquer coisa em observar um amigo esquematizando uma seqüência de eventos comerciais que ajuda a criar um real entendimento. Já reparou como as toalhas de papel nos restaurantes ficam cobertas com todo tipo de diagramas esquemáticos? E o que são esses rabiscos? Geralmente são desenhos esquemáticos de uma nova idéia, um novo plano, um novo negócio.

PASSO 2

Visualize uma discussão

No começo isso parece difícil de fazer, mas você vai ver que no final será algo absolutamente natural.

Quando você terminar um livro, feche os olhos e resuma a Idéia Central em sua mente. Repasse cenas de sua vida profissional nas quais você poderia usá-la. Todos nós já passamos, alguma vez, pela desagradável situação de não saber como nos juntarmos a uma conversa – imóveis como postes em discussões importantes – e depois nos arrependermos de não ter dito nada. Talvez alguém estivesse falando de seu medo de mudar e você não soube como contribuir. Mas, se tivesse lido *Quem Mexeu no Meu Queijo?*, de Spencer Johnson, poderia ter contado a alegoria que o ajudaria a entender a necessidade de mudanças. Talvez, se você tivesse lido *Como Fazer Amigos e Influenciar Pessoas*, de Dale Carnegie, poderia recomendá-lo para sua colega de escritório que anda preocupada com as reviravoltas e a volatilidade do mercado de trabalho. Ela aprenderia o que fazer para ser digna de estima mesmo em tempos difíceis. E se alguém estivesse à procura de novas tendências e padrões de comportamento no setor de comércio eletrônico, você mais uma vez entraria em campo para sugerir *Vamos às Compras!*, de Paco Underhill, uma leitura esclarecedora sobre a mentalidade dos consumidores.

Além disso, quando terminar um livro, vasculhe a sua imaginação em busca de situações de trabalho em que poderia ter agregado valor, trazendo à baila sua Idéia Central. Repasse essas cenas até achar três delas.

Depois, imagine qual de seus amigos apreciaria a idéia. Isso não é muito diferente da nossa época de adolescentes, quando comprávamos os discos com os grandes sucessos e mal podíamos esperar para colocá-los para os nossos amigos. Sabíamos que eles iriam vibrar e, quando os olhos deles brilhavam, nós nos sentíamos como DJs. Aqui você pode ser um DJ de idéias.

Pense em seus novos conhecidos e contatos. É verdade, nem todos temos um fluxo contínuo de novas pessoas atravessando nossas vidas, mas o indivíduo médio conhece, eletrônica e fisicamente, cinco vezes mais pessoas em um ano do que nossos pais ficavam conhecendo em atividades profissionais similares. Imagine quais de seus novos contatos apreciariam a sua nova moeda social. Em vez de ficar falando do tempo ou de partidas de futebol, compartilhe idéias.

PASSO 3

Procure pontos de inserção

Você se lembra de quando era menino e um dia ao voltar para casa descobriu que seus pais não estavam e que a porta da frente estava trancada? O que foi que você fez? Invadiu sua própria casa. E fez isso caminhando atentamente em volta dela até achar um lugar por onde pudesse se esgueirar para dentro. Talvez a porta de trás estivesse aberta, ou a janela de um quarto estivesse apenas encostada, ou houvesse uma entrada secreta que só você conhecia – todos pontos de inserção, alguns tão evidentes quanto a porta da frente, outros sutis como uma janela destrancada.

O mesmo vale para as conversas. Se você prestar atenção, vai achar pontos de inserção que lhe possibilitam agregar valor. Talvez eles não venham até você como uma porta aberta. Não espere que alguém lhe pergunte: "Leu algum bom livro ultimamente?" Mas, conversando, as pessoas falam de problemas, fazem perguntas, contam suas preocupações. É a moeda social que todo mundo compartilha.

"Oi, Sara, como vai?", eu digo.

"Vou indo", ela responde. Mas, quando enveredamos por uma conversa mais profunda, ela confessa que, muitas vezes, se sente excluída por ser a única executiva mulher de sua empresa. Não consegue achar seu espaço e percebe que os homens à sua volta falam uma língua diferente da que ela fala.

"É mesmo?", eu digo. "Você já leu *Nos Negócios Jogue como Homem e Vença como Mulher*, de Gail Evans? Ela é vice-presidente executiva da CNN – já passou por tudo isso e poderá lhe ensinar todas as regras masculinas que você precisa conhecer no trabalho, a hora de assumir um risco ou como tirar partido de uma equipe."

Sempre que alguém divide seus problemas comigo, eu procuro pontos de inserção que me permitam passar a Idéia Central de algum livro capaz de proporcionar esclarecimento ou servir de ponto de apoio. Às vezes uma idéia não é uma solução imediata para o problema, mas uma outra forma de ver o mundo. Uma nova perspectiva. Alan Kay, pai do computador pessoal, disse que perspectiva vale cinqüenta pontos no QI.

Na hora em que um ponto de inserção se apresenta, eu abro a boca e tento o que chamo de Discurso de Elevador – ou seja, o que você diria se estivesse num elevador com um importante contato comercial e tivesse três andares para descrever um novo conceito. (Cinco anos atrás, se você quisesse abrir uma empresa no Vale do

Silício, tinha de ter um brevíssimo Discurso de Elevador na ponta da língua ou não arranjaria dinheiro. Os edifícios não são muito altos por aqui.) A amplitude da atenção da maioria das pessoas é pequena – mesmo que você tenha uma grande solução para o problema delas, se levar muito tempo para expressá-la, elas perderão o interesse.

Depois que você explicou a idéia, pergunte o que o outro pensa. Deixe-o falar. Quanto mais ele estiver envolvido na conversa, mais irá fazer parte do seu círculo. Depois, acompanhe. É fácil fazer isso usando o e-mail. Diga-lhe que você gostou da conversa. Mande por e-mail um *link* com a página do livro em uma livraria *on line* para lhe facilitar a compra. Ou envie-lhe o próprio livro.

Tolere os erros. Às vezes você pode achar que pegou o ponto de inserção errado, ou que não conseguiu apresentar o livro tão bem como esperava. Não se preocupe. Uma tentativa desastrada vale mais do que uma tirada sobre o tempo ou uma análise do *reality show* da noite anterior. Quanto mais você praticar, mais vai acertar. Isso não significa que *lovecat*s consumados não cometam erros. Todos cometemos, o tempo todo. Faz parte da natureza humana.

E agora uma observação especial para os que têm dificuldade de comunicação, aqueles que lêem um livro e dizem para si mesmos: "Eu não sou capaz de transmitir essa idéia a ninguém. Falar não é a minha."

Eis aqui algo que pode ajudar. Procure pontos de inserção através de memorandos, fax, e-mail. Muitas das pessoas que não gostam de falar gostam de escrever. Quando coloca as suas idéias no papel, ou manda um resumo preparado, você pode experimentar até ficar do jeito que lhe agrada. E o retorno vem aos poucos. Assim, você também não precisa responder imediatamente. Se você começar escrevendo, um retorno positivo vai lhe dar confiança para falar em alto e bom som.

Volte ao processo de visualização e desta vez escreva uma carta sobre um livro que você leu. Depois selecione cinco pessoas de sua rede: do local de trabalho, parceiros (evite o seu chefe nesta etapa, porque precisamos de uma vitória rápida – não queremos ser nocauteados logo de cara) e mais um ou dois amigos. Envie para essas pessoas o seu comentário. Agora você está iniciando uma conversa. Depois de duas trocas de mensagens, assuma o objetivo de falar por telefone ou pessoalmente sobre a idéia.

Não fique tempo demais escondido atrás de mensagens escritas. A discussão aqui é sobre retorno humano, sobre avaliar aqueles olhos amigos e sorrisos simpáticos que deixam você saber a diferença que está fazendo.

Observação: Se você não descobriu nenhuma aplicação depois de alguns meses lendo seus livros, questione seu método de agregação. Eu tento usar um novo livro tão cedo quanto possível com meus colegas e amigos para poder avaliar imediatamente o seu valor como moeda. Nem sempre acontece assim, mas a idéia é essa.

Se você não está usando os livros em suas conversas e estratégias de negócios, reveja o seu processo de seleção. Um truque simples numa livraria: abra um livro e dê uma olhada no sumário. Estude a orelha e a contracapa. Sente-se e leia o capítulo mais interessante. Seja imaginativo. E se você soubesse tudo o que o autor disse? Você teria como usar esse conhecimento na semana seguinte? Em que situação ele seria útil? Para quem você poderia transmitir essa idéia?

Às vezes você vai achar lugar para um livro que está depois da curva – um que não é útil agora, mas será daqui a um ano. A maior parte do que você lê é para aplicar imediatamente. Se isso não está acontecendo, pense nas perguntas que você se fez. O que quer realmente saber? Talvez seus objetivos tenham mudado e suas leituras não estejam em sintonia com as suas aspirações. Será que está sendo sincero consigo mesmo? Você diz que quer ser diretor-executivo, mas talvez não esteja interessado por nenhum dos problemas pertinentes à função. Quem sabe a sua atividade esteja mudando e você não tenha prestado a devida atenção? Por isso o que está lendo sobre finanças não é aplicável às suas novas tarefas, mais orientadas para a administração.

Retorne à sua lista de compras e repense as suas escolhas tão honestamente quanto possível. Sua incapacidade de achar conhecimento aplicável pode ser um sinal: talvez as suas aspirações não combinem com o seu trabalho.

Quando a aplicação estiver correta, você vai ficar sabendo. Há alguns anos, por exemplo, meu amigo Chris Flannery trabalhou para uma das maiores empresas varejistas do mundo no ramo náutico, a Westmarine, onde lhe pediram que ajudasse a reestruturar a estratégia da companhia. O diretor-financeiro, John Zott, viu que Chris estava tendo dificuldades e lhe recomendou um livro sobre gerenciamento de projetos chamado *Making It Happen*, de Mackenzie Kyle. "O livro explicava, de forma clara, como gerenciar um projeto, com ênfase especial em interações humanas e técnicas simples", diz Chris. Foi a chave do seu sucesso, e desde então ele o empresta a deus e ao mundo.

❖

A capacidade de transferir conhecimento é uma enorme vantagem para quem está lutando para ter sucesso, além de ser uma técnica fácil de aprender e de ensinar. Existem tantos livros bons que você jamais conseguirá ler todos, o que significa que os recursos à sua disposição são ilimitados. Na verdade, é tão fácil que não há razão para não começar agora mesmo. Compre um livro. Leve-o com você. Seu poder é tão grande que você irá sentir como se estivesse levando plutônio numa maleta. Um *lovecat* bem informado é um leão numa selva, não um gato vira-lata. Ruja.

II

Rede

Digamos que o seu melhor amigo esteja exilado em uma ilha deserta (se os filmes vêm com essas idéias, por que é que eu não posso?). Sua única ponte com o resto do mundo é você. Uma vez por mês você leva alguém até a ilha para ele conhecer. Seu amigo encalhado irá reagir de maneira muito diversa dos outros, que não estão presos numa ilha. Ele fica eufórico quando encontra outra pessoa. Porque não tem opção. Portanto, mesmo que a combinação não funcione, ele ainda estará melhor do que antes. Pelo menos tem alguém com quem falar.

Nós, porém, com os recursos sociais de que dispomos, não nos sentimos assim tão impotentes. Tendemos a ser muito mais críticos em relação a qualquer pessoa que cruze o nosso caminho. ("Que diabos você estava pensando quando me apresentou a esse louco?", perguntamos indignados.)

O mundo profissional de hoje parece uma ilha deserta. A nova economia pegou esse continente de negócios que acabamos conhecendo tão bem ao longo do último século e o fez explodir em algo como um bilhão de fragmentos, fazendo com que nossas carreiras pareçam tão solitárias quanto um lugar perdido no meio do oceano, sem ninguém com quem compartilhar nossas idéias ou sem um amigo que nos apóie quando precisamos.

Se você vive na ponte-aérea Rio–São Paulo ou viaja com bastante freqüência para outros destinos, como Porto Alegre ou Brasília, já há de ter notado o vazio no olhar das pessoas que estão voando pela oitava vez no mês. E sabe que elas estão em suas próprias pequenas ilhas. A única esperança que lhes resta é que alguém traga um amigo até o seu canto deserto do mundo. O que mais eles podem dizer a não ser "Obrigado por pensar em mim"?

Além do mais, voltando ao mundo das relações pessoais, você não tem realmente certeza de quem é a pessoa certa para quem, porque as regras são demasiado complexas. É difícil saber o que motiva as pessoas a estabelecerem conexões íntimas – na verdade elas próprias geralmente não sabem. Falta riqueza de dados. Aqui não se trata de relatório anual, de receitas ou de aumento das vendas. Trata-se de química, e ninguém ainda foi capaz de explicá-la.

Nos negócios, dá para ter uma idéia muito mais clara se a apresentação que você tem em mente irá agregar valor. Os modelos de negócios são mais diretos – profissionais de negócios tendem a saber o que estão procurando ao entrar numa situação qualquer. Necessidades comuns e recursos adjacentes não são difíceis de ajustar. Portanto, ao planejar uma ligação de negócios, você está enfrentando uma necessidade claramente estabelecida.

Quando colecionamos objetos de arte, quadros e antiguidades, nós os guardamos e esperamos que eles se valorizem com o tempo. Já o propósito de colecionar contatos é passá-los adiante – colocá-los em contato uns com os outros. Quando você apresenta duas pessoas, em vez de "um mais um igual a dois", o dois passa a ser igual a infinito. Se a conexão for bem-sucedida, estamos ajudando a criar aquele relacionamento profissional "um em um milhão", ao qual estaremos associados para sempre e que pode nos conectar com muitos outros nós de outras redes.

Esqueça os estereótipos da vida pessoal. No mundo dos negócios, promover casamentos é uma atividade bem menos arriscada, uma vez que as pessoas estão sempre precisando ampliar as suas redes. Estamos o tempo todo à procura de empregados, investidores, sócios, fornecedores, pares, alianças estratégicas, pessoas que nos queiram bem e assim por diante. Temos de nos manter em sintonia com as tendências, ficar na cola de nossos concorrentes e acompanhar as grandes idéias que impulsionam o nosso ramo de atividade. Afinal, se você tem uma idéia sobre como montar um negócio, vai precisar de informações de outras pessoas para checar se a grande idéia não pode virar um grande mico. Às vezes, as pessoas de sua rede são as únicas que podem lhe dar ajuda.

No final das contas, todas as pessoas a quem você se conectou se tornam lastro que não precisa de manutenção. Da mesma forma que mantemos uma poupança para os momentos difíceis, esses contatos ficam à espera, todos com potencial para resolver uma crise ou para agregar valor a uma oportunidade. Embora você não cobre uma taxa para colocá-los em sua rede, talvez lhes agrade a idéia de fazer alguma coisa por você em troca.

Essas reservas podem ter também uma importância crítica para que as coisas dêem certo. Pense nos negócios que você deixou de fazer, nas promoções que algum outro pegou, naquelas situações em que o seu rival triunfou. Compare a rede do vencedor com a sua. Quase sempre, os vencedores são os que têm a rede mais ampla, as conexões mais poderosas e capacidade de convocar suas reservas na hora da verdade.

Os nós da sua rede podem fazer quase tudo por você. Podem ajudá-lo a encontrar o seu próximo emprego. Quantas vezes você ouviu as pessoas dizerem que só encontraram emprego porque um amigo lhes falou da vaga? Seus contatos também podem iluminá-lo. Quase todas as pessoas da minha rede são agentes de transferência de conhecimento: passam adiante recomendações de livros, me dizem quais pessoas eu deveria procurar, me falam de conceitos que eu deveria conhecer.

Essas pessoas são construtores de confiança. Você se lembra dos seus tempos de adolescente, quando ia a uma festa e conhecia todo mundo? Pense na segurança que isso lhe dava. Agora lembre-se de uma festa com centenas de estranhos – suas chances de se divertir nessa situação eram bem pequenas. O trabalho não é diferente. Quanto mais você conhece pessoas e quanto mais negócios você faz com elas, mais confiança terá para levar a sua rede mais e mais longe.

Uma das novas Idéias Centrais do mundo da tecnologia da informação é o conceito de que as relações comerciais pessoa a pessoa podem ser automatizadas por meio de softwares. Veja o caso da Siebel Systems, que produz o Sales Force Automations (SFA), voltado para o gerenciamento das relações com o cliente. Ela é uma das empresas que estão crescendo com maior rapidez no mundo porque entende – como você deve entender – que essa é a nova forma de gerenciamento de ativos estratégicos. Relacionamentos comerciais são ativos a serem organizados, gerenciados, cultivados e alavancados, da mesma forma como o capital e o giro. Esses produtos SFA se tornaram tão populares que metade do pessoal de vendas das empresas que aparecem na Fortune 500 usa tais sistemas.

Agora pense novamente na ilha deserta. Mesmo que você traga muitas vezes a pessoa errada, seu amigo há de ficar grato pelo seu empenho. É isso o que todo casamento comercial, bem-sucedido ou não, trará como resultado: sinceros agradecimentos.

❖

Como a construção da rede pode ter o aspecto de um processo

aleatório de conhecer pessoas, lembrar nomes, garimpar cartões de visita e comparecer a almoços ocasionais, o melhor é você seguir um sistema parecido com o meu, que se compõe de: (1) coletar, (2) conectar e (3) desaparecer.

A primeira parte desse sistema é coletar pessoas adequadas à sua rede.

Em *O Círculo da Inovação*, Tom Peters conta a história de Allen Puckett, do McKinsey Group, que reúne docentes para formar sua "universidade pessoal". Eis o que ele faz: ao ler um artigo estimulante num jornal ou revista de negócios, Puckett telefona de surpresa para o autor e o convida para jantar. Geralmente o autor aceita. Da próxima vez que se vê diante de um problema complicado, ele telefona para um desses docentes da sua "universidade pessoal". E na maior parte da vezes encontra a solução que precisava. Assim como o corpo de professores de uma faculdade real, os docentes da universidade pessoal de Allen Puckett são os aros de uma grande roda de aprendizado comunitário.

A coleta funciona melhor quando se baseia na filosofia de que toda pessoa é potencialmente relevante para você e sua rede. Sem marginalizar ninguém. Às vezes, pessoas que podem parecer fracas e insignificantes são estrelas em potencial à espera do momento de brilhar. Um dia elas podem vir a sc tornar um nó crítico de sua rede. E elas vão se lembrar que você estava por perto antes de elas decolarem. Pessoas que julgam suas conexões potenciais pelo status atual podem estar dando adeus ao futuro. Você nunca sabe aonde aquele nó poderá levá-lo.

No meu caso houve uma pessoa fundamental, aquela que eu considero o meu "nó zero", a conexão inicial sem a qual eu não estaria hoje escrevendo este livro. Essa pessoa é Kyle Smith, hoje responsável pelas contas dos clientes do Yahoo! e um de meus primeiros colegas de trabalho na Broadcast.com, em 1997. Eu conheci Kyle na época em que estava começando a me dedicar seriamente à leitura (devorando todos os livros que podia), para aprender todas as teorias que pudesse e espalhá-las para todas as pessoas que se dispusessem a ouvir.

Um dos meus chefes me pedira que fizesse a fala principal de uma reunião matinal de vendas. Então, às 6:45 da manhã, entre rosquinhas e café, eu apresentei para os meus colegas de trabalho, com toda a experiência de meus quatro meses de empresa, os principais fundamentos do livro *Novas Regras para uma Nova Economia*, de Kevin Kelly. Expliquei por que todos nós devemos organizar e alavancar nossos relacionamentos como uma rede se quisermos criar valor a longo prazo.

Minha mensagem tocou num ponto sensível de Kyle, que acabara de fechar um dos maiores negócios da Broadcast.com com uma indústria gráfica chamada World Color. Ele resolveu me colocar em contato com os executivos da World Color para ver se, em algum dos livros que eu tinha lido, havia algo que pudesse ser útil para eles.

Sentei-me com alguns executivos e vendedores da World Color e, pregando as regras da economia da informação, coloquei na mesa algumas das Idéias Centrais dos meus livros favoritos. Logo as cabeças deles estavam girando de otimismo a propósito do futuro digital. De volta à World Color, eles disseram a um diretor de divisão, Tom Oliva, que ele precisava me conhecer.

Tom e eu nos entendemos como Thelma e Louise, e imediatamente entramos numa conversa sobre aquilo que importava para ambos – a nova tecnologia. A World Color, um dos maiores fornecedores mundiais de serviços de impressão, estava tentando lidar com o problema da Internet e sua perspectiva de dispensar o papel. A empresa tinha duas opções: enfiar a cabeça na areia ou estudar a tecnologia digital e a Internet até conhecê-las tão completamente que pudesse ensinar aos seus clientes como fazer a transição do papel para o digital, garantindo assim que eles permanecessem fiéis à World Color mesmo num ambiente novo e potencialmente ameaçador.

Essa era uma empresa que tinha fome de conhecimento – e que estava disposta a matar essa fome.

Nesse meio tempo, a World Color abriu a sua rede para mim e me apresentou a Tom Peters e à Wyncom (empresa que organiza seminários e trabalha com treinamento em gerenciamento e liderança) em março de 1999. Tom gostou do que eu tinha para lhe dizer e ele, também, me ofereceu a sua rede. Além disso, ele me deu uma canja, deixando-me fazer o discurso de abertura no lançamento de seu movimento "Trabalho Importa!". Eu estava acontecendo.

Diante de tudo isso, Kyle decidiu tecer um segundo fio e me levou à sua amiga Michelle Lemons, presidente da International Speakers Bureau, uma associação internacional de palestrantes. Com ela, eu tive uma celebração *lovecat* consumada, repetindo minhas idéias de sempre sobre livros e fazendo pregação de todos eles.

Dois dias depois ela insistiu para que eu conhecesse Jan Miller, uma agente literária que tinha sido alvo de uma grande matéria na revista *The New Yorker*. Depois de passarmos algum tempo juntos, Jan não apenas resolveu me representar como também me abriu o seu caderno de telefones. Graças a Kyle, eu agora tinha uma agente, um negócio editorial e uma nova rede de oportunidades.

O "nó zero" está por aí. Mas, se você perde a oportunidade de conectar-se com ele por não estar prestando atenção, ou porque a pessoa não lhe parece promissora o bastante, é possível que não tenha uma segunda chance. Nunca deixe as oportunidades passarem. Da mesma forma que você está sempre atento em busca de pontos de inserção para compartilhar seu conhecimento, procure sempre novos contatos.

Aqui você tem cinco dicas que o ajudarão a ser um grande colecionador.

DICA 1

Prepare-se

Primeiro, decida a melhor maneira de organizar os seus contatos. Você faz anotações em seu caderno de endereços? Não é lá muito *high tech*, mas por enquanto funciona. Ou usa um *palmtop*? Talvez você já tenha um software de gerenciamento de contatos, como o Microsoft Outlook ou o Microsoft Access. A questão é: adote um sistema, qualquer sistema, com o qual você se sinta à vontade e que lhe permita procurar nomes com facilidade.

Se você ainda não tem um sistema, comece com um digital. Para quem não tem treinamento em software, recomendo matricular-se em um cursinho rápido. Você também pode investir na compra de um Palm Pilot, por exemplo. Alguns sites oferecem uma pasta ou caderno de endereços gratuito para que você guarde seus dados e possa usá-los independente de onde esteja.

Eu, por exemplo, dou entrada nos novos nomes religiosamente. Uma vez que você tenha um lugar para arquivar seus contatos, entre com o básico: o nome da pessoa, empresa, título, departamento, fax, celular, endereço e assim por diante. Coloque-os na parte de cima do formulário. Deixa a parte de baixo para observações, grupos, contatos anteriores, e-mails.

Eu costumo classificar as pessoas em seis grupos básicos: colegas de trabalho, parceiros, clientes, familiares, fãs musicais e participantes de conferências comerciais – mas posso expandi-los para mais de uma centena de categorias diferentes se for necessário.

Uma outra regra 80/20: 80 por cento de todos os profissionais de negócios que trabalham 40 horas por semana e ganham mais de 100 mil reais por ano usam algum tipo de sistema de gerenciamento de contatos. Se você ainda não se juntou a eles, esta é a hora de deixar para trás os 20 por cento que não usam.

Observação: Costumamos esquecer de levar conosco os nossos valores – em outras palavras, não temos nosso caderno de endereços à mão na hora em que uma conexão está sendo feita. É por isso que dizemos: "Vou ter de lhe retornar mais tarde." Isso é um erro. Durante anos eu imprimi o caderno de endereços do meu computador para levá-lo comigo. Antes, eu levava meu livrinho preto com todos os endereços de que precisava. Hoje, com meu Palm Pilot, posso a qualquer momento fazer a ponte entre um novo contato e uma pessoa da minha rede.

DICA 2

Troque

Independente de sua atividade ou profissão, tenha sempre cartões de visita com você. Troque cartões da mesma forma como trocaria receitas ou dicas de investimento. Sempre que você fizer uma conexão importante, troque cartões. Sempre que fizer uma conexão secundária, troque cartões. Se a outra pessoa não tem cartão, pegue um dos seus e peça que ela escreva atrás seu telefone e e-mail. Você perderá tremendos contatos potenciais se não incluir esse passo simples no seu sistema. Coloque o cartão de seu contato num lugar destinado aos cartões novos em sua carteira, sua bolsa ou sua pasta, para guardá-los em segurança até poder dar entrada em seu sistema. Você também pode dar à outra pessoa o seu cartão e pedir que ela lhe envie um e-mail. As informações para contato da maioria das pessoas estão contidas na sua assinatura de e-mail, de maneira que você possa preencher seus formulários usando esses dados.

DICA 3
Organize

Se você não está consciente do valor de seus cartões de visita, vai enfurná-los de qualquer maneira no bolso, na bolsa, na carteira, e o mais provável é que a maior parte deles se perca a longo prazo. Tenha sempre um lugar para guardá-los onde quer que você esteja.

Se na sua mesa de trabalho você não tem um lugar especialmente destinado aos novos cartões, você vai acabar jogando-os de qualquer maneira dentro da gaveta. E, quanto mais cheia ela ficar, mais enlouquecido você vai ficar para lidar com ela. Essa é uma atitude antiprofissional porque você não aceita o cartão de um contato para jogá-lo numa gaveta, mas sim pensando na perspectiva de fazer um contato no futuro.

DICA 4

Entre com os dados

Entre com os dados toda segunda-feira à tarde, quando retornar de uma viagem de trabalho, ou no primeiro dia do mês – você tem de empregar uma regra desse tipo para construir o seu sistema de contatos. Quando a pilha de cartões é pequena, você pode entrar com a informação em seu caderno de endereços ou organizador eletrônico sem sofrimento. Como os contatos ainda são recentes, você se lembrará de coisas importantes a respeito da pessoa e identificará o assunto que deu início à conversa. As pessoas mais importantes, que têm redes poderosas, sabem que um interesse em comum, por mais frágil que seja, pode desenvolver uma relação forte. Por isso, anote os pontos comuns e o fio da meada a partir do qual a conversa se desenrolou.

Seja específico. Muitas vezes nós simplesmente rabiscamos: "Trabalha para fulano." Isso não é suficiente. Eu escrevo: "Fulana estava sentada ao meu lado num vôo para São Paulo e, enquanto eu lia sobre liderança de marca, ela me perguntou por que eu estava fazendo tantas anotações. Começamos a conversar sobre atrofia pessoal e no final descobri que ela é gerente de recursos humanos. Gosta de U2 e joga tênis." Essa nota me ajudará em qualquer conversa posterior.

DICA 5

Acompanhe

Um idéia simples. Se lhe parecer adequado – geralmente é –, envie um curto e-mail a todo novo contato. Diga-lhe que foi ótimo conhecê-lo e mencione algo que reforce sua conexão: um interesse comum, um amigo da mesma empresa. Talvez seja o caso de recomendar um livro com base na função dessa pessoa. Considere a hipótese de enviar-lhe um livro – uma oferta cara, mas de alto impacto.

❖

Uma vez que você tenha conhecido novas pessoas, o próximo passo é conectá-las. Em outras palavras, pegue a sua coleção de contatos e pense em maneiras de ligá-los.

Você tem de se dedicar a essa tarefa – não basta sentar e esperar que a coisa aconteça por si mesma. O processo de conexão é altamente proativo. A maioria das pessoas de sucesso também. Tim Koogle, vice-presidente do Yahoo!, fala sobre a diferença entre os passivos e os ativos – ou o que ele chama de a história do "a/e/indo" *versus* o "a/e/imos". Se você gasta tempo com pessoas que dizem "Estamos falando disso", "Estamos pensando naquilo", "Estamos planejando", desconfie. Esses indivíduos não são bons parceiros de negócios. Eles não executam. Os vencedores a quem você deve dar o seu tempo são aqueles que dizem "Nós estudamos isso", "Nós planejamos aquilo", "Nós realizamos tal coisa".

Para começar a conectar, basta um pequeno número de contatos. Mas, ainda que os casamentos comerciais sejam mais fáceis de realizar do que os pessoais, seja seletivo. Você não pode casar aleatoriamente todas as pessoas que conhece. Pessoas que promovem casamentos inadequados perdem tempo e danificam sua credibilidade e sua marca pessoal.

Sempre que você estiver para conectar seus contatos, pense neles como pessoas que pertencem a um destes três grupos: o primeiro é o dos seus parceiros, o segundo é o dos seus pares e o terceiro, o das suas perspectivas. Parceiros são pessoas com que você tem um relacionamento comercial profundo; pares são pessoas com que você faz negócios; perspectivas são pessoas que você quer que se tornem seus parceiros ou seus pares. Parceiros são o laço mais forte. Perspectivas, o laço mais fraco.

Eu levei algum tempo para desenvolver essa prática, mas hoje, quando faço um novo contato, seja no bar, no avião ou na academia, penso imediatamente em quem eu poderia ligar a esse contato e de que grupo virá essa conexão. Eu penso: "Conheço uma pessoa de outra empresa que está trabalhando num projeto arquitetônico igual a esse – talvez os dois possam se associar e fazer uma parceria para reduzir custos." Ou então: "Um amigo está desenvolvendo um novo negócio que pode interessá-lo. Talvez eles sejam excelentes perspectivas."

Há que se ter em mente duas questões importantes quando se conectam pessoas. A primeira é: sintonize seu receptor. A segunda: faça pegar a conexão.

Primeiro, sintonize seu receptor: treine o ouvido para captar toques sutis na conversa. Não perca o foco. Dê atenção ao valor das pessoas – por exemplo, o que elas fazem e o que oferecem. E dê atenção às suas necessidades, como, por exemplo, o que elas querem.

Em toda conversa eu sintonizo o meu receptor para filtrar o blablablá de fundo e poder ouvir o tom, a inflexão e o nível de energia da voz da pessoa que está falando, de modo a captar euforia, ansiedade ou qualquer outra emoção. Digamos que eu tenha ótimos contatos na área de consultoria financeira. Se a sua voz se exalta toda vez que você conversa comigo sobre o mercado de capitais, mesmo sem tê-lo ouvido explicitamente, eu diria que você está louco de preocupação com a volatilidade do mercado. Isso pode me levar a apresentá-lo a um inabalável consultor financeiro amigo meu.

Eu procuro também dar atenção a palavras como "preciso", "gostaria" ou "pretendo". Todas são sinais de que as pessoas têm desejos profundos, o que pode lhe ajudar a fazer uma conexão significativa.

O ato de escutar tem importância capital para o ato de conectar. Se eu entendo realmente o que você faz e do que precisa, em conversas futuras vou poder conectá-lo a alguém que necessita de seu valor, ou a alguém que possui valor para a sua necessidade.

Observação: Case pessoas de acordo com suas velocidades sociais. Algumas pessoas são extrovertidas, outros introvertidas. Os introvertidos vão se dar melhor com outros introvertidos da sua rede. E, para esses, menos há de significar mais em termos do número de pessoas que você lhes apresenta. Essas pessoas podem se sentir assoberbadas se tiverem contatos demais. Elas aprenderam, ao longo dos anos, como tirar o máximo do pouco que têm.

Preste atenção para a personalidade de seu nó. A pessoa A é sensível ao sexismo? Bem, a pessoa B é chauvinista. Não coloque as duas juntas. Examine as necessidades profissionais de cada um. Aqui temos um sujeito cuja pequena empresa de navegação vai mal das pernas: será que ele precisa que você lhe arrume um banqueiro para injetar dinheiro em sua empresa moribunda? Não.

Pense antes de conectar.

Identifique um bom motivo para conectar. Você não quer ganhar fama de invasivo. Quando um agente de telemarketing telefona para a sua casa às dez da noite, ou quando você recebe dezenas de piadas e correntes por e-mail, sente que estão invadindo a sua privacidade. Nós dizemos isso porque essas pessoas estão nos dando um retorno negativo sobre a nossa atenção, interrompendo-nos com informações de que não precisamos. Mas, vamos dizer que você está saindo para almoçar num certo restaurante, quando alguém lhe avisa que há um outro melhor e mais barato a vinte metros de distância. Essa informação não é intrusiva, é valiosa.

Em toda conversa pertinente eu penso na minha coleção de contatos. É como um jogo. Você fala de problemas, eu penso em soluções – e penso em soluções em termos de pessoas. Por exemplo, se vejo que você está preocupado com o refinanciamento do seu apartamento, invoco um amigo que tem excelentes contatos na área de financiamento habitacional. E ele é um *lovecat* também. Vocês combinam. Eu trago o casamento para a conversa – e digo: "Você precisa conhecer o Batzi. Este é o número do telefone dele. Vamos ligar agora mesmo."

Não fique de bobeira. A vida passa rápido. Se você pensar nas conversas da véspera, vai se lembrar de ter ouvido pistas das oportunidades, problemas e necessidades de seus colegas de profissão. Pense nas pessoas que você conhece e que podem dar as soluções. Aprenda a fazer essas conexões em tempo real. Aí você pode sugerir a imediata aplicação de sua rede ao contexto das necessidades delas. Na maioria das vezes o seu colega de profissão concordará prontamente em conhecer ou conversar com o seu contato.

Os casamentos são mais bem-sucedidos quando feitos em cima do laço. Se eu percebo que uma pessoa da minha rede combina com as suas necessidades, quanto mais rapidamente eu puder expressá-lo, melhor: "Não é fantástico a gente ter se encontrado? Eu conheço a pessoa certa para você!" Quanto mais rápido eu fizer o casamento, menos tempo a pessoa terá para pensar que eu sou calculista. Agora, se você levar quatro dias para aparecer com um nome, pode causar embaraço: Qual é a desse sujeito? O que é que ele está querendo de mim?

Portanto, pense imediatamente: Como a minha rede pode ajudar? Será que algum dos meus nós pode atender às necessidades dessa amiga? Ela diz que precisa de alguém para organizar seus livros. Você escaneia mentalmente o seu sistema e apresenta imediatamente o resultado. Fulano! Ele acabou de sair de XYZ Contabilidade Ltda. e é um grande sujeito, perfeito para ela.

O que há de mais importante na sua rapidez é que você não perde conexões. Pessoas cuja necessidade você pode atender com um amigo bem colocado são passageiras, não vão estar assim ali por muito tempo. No passado, às vezes, eu protelava a conexão entre dois nós. E, quando ia apresentá-los, um não tinha mais a necessidade e outro não tinha mais a solução.

A velocidade é também importante porque, graças à tecnologia, a aptidão pode se tornar rapidamente obsoleta. Portanto, quando você conhece pessoas cujos talentos agregam valor, capture-as hoje mesmo. Amanhã as suas habilidades podem não ser mais úteis.

Quando você cria novas conexões, cria novos benefícios e necessidades. Quando eu apresento duas pessoas para fazerem negócio juntas, elas certamente irão precisar de outros parceiros ao longo do caminho, o que significa que vão precisar de outras apresentações para ajudá-las a terminar o que começaram. Digamos que eu apresente um empresário a um *chef*. O empresário sempre quis investir em um restaurante e o *chef* sempre quis ter o seu próprio bistrô. No momento em que eles concordarem em cooperar, vão precisar de um agente imobiliário, de um banqueiro, de um agente de seguros, de projetistas – todo tipo de contato que, por acaso, eu tenho em minha rede.

Vamos agora à segunda questão: faça a conexão pegar.

A maioria de nós acha que uma vez feita a conexão, a sua parte terminou. Mas muitas conexões são meramente passivas, perspectivas de associação: "Você devia vê-lo um dia desses", "Um dia eu vou apresentá-los", "Era bom você dar uma ligada para ela". Essas intenções vagas têm uma taxa de insucesso astronomicamente alta porque as pessoas não lhes dão acompanhamento. Esses comentários sequer chegam a ser um acréscimo significativo à conversa. São pura encheção de lingüiça.

Ser ativo significa ficar firmemente envolvido. Se eu vejo uma conexão potencial, posso telefonar para um de meus nós e lhe vender ardorosamente a oportunidade. Se quero lhe recomendar uma advogada, telefono para ela e digo: "Acabo de dar o seu nome para o Thomas. Ele é um grande sujeito e está procurando alguém para resolver suas complicações legais, e eu sei que você está atrás de uma boa oportunidade."

Meu nó recebe o meu telefonema *antes* do telefonema do meu contato, porque eu me esforço para emprestar a minha marca a essa conexão. Uma das mais poderosas declarações que eu posso fazer é: "Ele é uma pessoa em quem você pode confiar." Isso constitui um importante compromisso – uma garantia – de minha parte. Eu empresto minha marca a essa pessoa e, a partir daí, eu e minha reputação vivemos ou morremos por ela.

Existem três excelentes maneiras de fazer essas apresentações. A mais eficaz é pessoa a pessoa (ou P2P). Eu combino um encontro entre nós três – envolvente e direto.

A segunda maneira é por telefone. Nesse caso você organiza uma conferência telefônica. Fiz isso recentemente com meu amigo Tom Oliva, que eu estava ajudando a conectar-se no Vale do Silício. Ele havia deixado seu posto de presidente da World Color Retail para tornar-se presidente de uma empresa nova chamada E-Cargo: sua nova tecnologia era um aparelhinho parecido com uma caneta, com um *scanner* minúsculo na ponta para ler o código de barras de qualquer produto, que pode ser acoplado a um computador por meio de um gancho. Então, ele pode pedir informações sobre o produto ou encomendá-lo *on line*.

Durante uma das minhas reuniões com Tom, ocorreu-me que um amigo da Jobs.com estava à procura de uma grande novidade. Que tal essa idéia: uma pessoa que lesse os classificados podia escanear uma oferta de emprego com a caneta de Tom e, se a oferta tivesse um código de barras, o currículo podia ser enviado automaticamente quando a caneta fosse acoplada ao computador.

Peguei meu telefone celular e meu Palm Pilot, procurei o gerente de desenvolvimento comercial da Jobs.com e disquei. Depois de explicar a tecnologia do Tom, passei o telefone para ele, e os dois começaram a conversar. Aí eu saí de perto. Quando voltei, dez minutos depois, eles estavam marcando a primeira reunião. Resultado: eles desenvolveram um relacionamento independente.

A terceira maneira de promover apresentações é por e-mail. Esse método eu aprendi com Julie Anixter, atual diretora de pesquisa, desenvolvimento e novas mídias da empresa do Tom Peters. Julie conecta pessoas por meio de um e-mail triplo. Foi assim que ela me apresentou a Mary Jean Rasb, da Borders Books. Julie enviou a cada um de nós um e-mail dizendo basicamente: "Tim, conheça Mary Jean", "Mary Jean, conheça Tim", e em seguida explicou por que devíamos nos conhecer. Foi uma apresentação oportuna e ambos ficamos gratos a ela.

Julie apresentou centenas de pessoas assim, e o balanço mostra que o resultado tem sido excelente. Eu agora faço como ela.

Observação: Um bom *lovecat* está sempre pensando em maneiras de associar pessoas. Experimente compartilhar as suas oportunidades com a sua rede. Tenho um amigo que recebe, pelo menos, meia dúzia de ligações de recrutadores de executivos todo mês. Ele pede que lhe enviem um e-mail e, depois de recebê-lo, pesquisa a sua rede em busca de alguém que possa gostar daquele emprego, recomenda essa pessoa e em seguida a apresenta via e-mail. É uma excelente forma de transformar uma invasão em uma oportunidade de conexão.

❖

O último passo, depois de coletar e conectar, é **desaparecer**.

A idéia é a seguinte: você permanece ativo somente até que o relacionamento possa sobreviver por si mesmo. Pense na questão da seguinte forma: o obstetra faz o parto do bebê e fica à disposição o tempo necessário para se assegurar de que ele é saudável. Ele não cria o bebê.

Portanto, saia da conexão assim que tiver certeza de que ela pegou. E diga sempre aos seus contatos que está saindo. Eles provavelmente não irão acreditar. Não importa. Diga de forma clara e direta: "Eu acho que vocês precisam um do outro. E tudo o que eu quero é que tenham sucesso. Não quero mais nada. Vocês são o que importa."

Por exemplo, se uma conexão acontece numa conferência telefônica com um de meus contatos presentes, eu os deixo conversando e saio da sala. Numa reunião organizada por mim, eu também serei o primeiro a sair. Uma vez que a conexão tenha pegado, caia fora tão cedo quanto a educação permitir.

Em todas as situações, reduza o atrito. Essa é a chave para entender o futuro dos negócios.

A Internet estourou em parte por causa do atrito típico das transações comerciais tijolo-com-cimento. Digamos que você entra numa loja. Você acha o que está procurando, mas, ao fazer a compra, não está pagando só pelo produto. Está pagando todos os intermediários que apareceram no meio do caminho: os caras do depósito, os que supervisionaram o transporte do produto até lá, os que o enviaram ao varejista – todos tiram uma porcentagem do preço. A diferença fundamental entre comprar um produto numa loja e comprar um produto *on line* são os intermediários. Todos criam atrito, o que eleva o preço do produto. E isso é ruim.

O mesmo se aplica aos relacionamentos profisionais. Ao apresentar duas pessoas, prevendo que elas irão criar valor, você geralmente espera algo equivalente a honorários de intermediário. Pense nesses honorários de intermediário como um preço que é acrescentado a todo negócio que você agencia. As pessoas aceitam as suas apresentações, mas se mantêm na defensiva por causa desse atrito. Você é um mal necessário ao fechamento dos negócios delas.

Para a maioria de nós, a idéia de que relacionamentos são passíveis de corretagem está entranhada até os ossos, faz parte de nosso código genético comercial. Aprendemos isso observando consultores, por exemplo, ou o sistema de comissões, onde sempre se cobra um percentual para pagar esse serviço.

Portanto, quando você, um profissional de negócios, apresenta duas pessoas e produz valor, já sabe que deve capturar uma parte desse valor e, geralmente, pede antecipado. Essa é uma de nossas primeiras lições na velha economia: se você não defende o seu, está ferrado.

O problema desse sistema é que ele acarreta um custo extra à transação. Cada parte tem de considerar esse preço e seu fator de atrito quando aceita sua oferta de fazer as apresentações. Algumas pessoas irão concluir que, como você sempre pede a sua parte, é melhor ignorar as suas apresentações a pagar esse custo.

A corretagem, além do mais, cria dúvidas sobre a precisão do casamento. Se meu objetivo é ganhar dinheiro, o mais provável é que eu promova muitas apresentações. Essa estratégia, por sua vez, diminui a atenção que as pessoas da minha rede vão me dar quando eu disser: "Você precisa conhecer essa pessoa." Elas vão acabar percebendo que não precisam.

Esse tipo de relacionamento diminui a aceitação de suas apresentações porque as pessoas sabem que trabalhar com você sempre tem um custo. Elas tendem, portanto, a deixar de seguir as suas sugestões e até a excluí-lo de seus planos. Com isso, a sua rede de contatos acaba, na prática, encolhendo.

Da mesma forma como a Internet reduz o atrito, permitindo ao fabricante conectar-se diretamente com o consumidor a um custo mais baixo, o *lovecat* elimina o atrito das apresentações. Ele consegue isso desaparecendo depois que a conexão pega. As pessoas tendem a aceitar as suas apresentações mais prontamente que as dos outros porque sabem que você não quer nada delas. E, em negócios, essa é uma proposição de valor muito atraente.

Outra vantagem é a escala. Ao desaparecer depois de uma conexão, você pode estar criando uma plataforma a partir da qual a sua rede se multiplica – porque quanto menor o tempo necessário para um casamento, tanto mais nós você pode casar. Você não precisa ficar monitorando se eles engrenaram ou não, nem interferir nos desentendimentos do dia-a-dia que ocorrem na maioria dos relacionamentos. Afinal, o arquiteto, quando se limita a projetar casas e supervisionar sua construção, pode criar muito mais projetos do que se tivesse de pregar todos os pregos e assentar todos os tijolos.

Desaparecer tem uma outra vantagem: eficiência. Os relacionamentos mais fáceis são aqueles forjados a partir das motivações mais puras. Intermediar um negócio consome muito mais tempo do que criar um relacionamento. Apresentar meu amigo Tommy ao meu amigo Terry leva apenas alguns segundos. Mas eu precisaria de vários dias para inventar uma forma de extrair alguma coisa da interação entre eles, negociar um bom acordo e depois receber a recompensa.

Você recebe mais atenção quando reduz o custo de aceitação da sua apresentação e se torna uma fonte de informação confiável. E, quando as pessoas confiam em você, a sua voz tem prioridade no turbilhão de mensagens que tumultuam as nossas vidas.

❖

Conexões bem executadas são, quase sempre, um enorme prazer para as partes envolvidas. Os *lovecats* se fartam com o prazer e a surpresa que elas trazem à mesa. As suas redes florescem, em contínua expansão.

Um alerta: corre-se realmente o risco de ver um Ebenezer Scrooge da vida [personagem mesquinho do conto *Canção de Natal*, de Charles Dickens, que vive só e mergulhado em seus negócios] esfregando as mãos de contentamento depois de lucrar com as suas conexões e deixar você a ver navios. Mas pense nisso da seguinte maneira. Você tem um emprego. Seu negócio não é apresentar, digamos, os caras das imobiliárias aos caras das construtoras. Seu custo é zero. Se você não ganhar nada com isso, sua perda também será zero. Portanto, mesmo que você seja passado para trás quatro vezes em cinco, essa única vez em que as pessoas o recompensarem por sua generosidade deixará tudo zero a zero.

Existem outras formas das coisas darem errado. Às vezes fazemos a ligação sem nenhum problema, mas depois os nossos contatos dão de ombros e seguem cada um o seu caminho.

Deixe estar. Na verdade, você não fracassou. Faz parte da fórmula do custo zero. E você não está monitorando um balanço.

Quando ficar sabendo de um fracasso real, é a chance de procurar saber onde foi que errou. Talvez você precise entender melhor o problema da química pessoal ou precise escutar com mais atenção as necessidades das pessoas. Grandes vendedores, quando perdem uma venda, não se queixam nem desistem. Eles perguntam: "Onde foi que eu errei?"

Nós, os *lovecats*, estamos no ramo de conquistar a confiança das pessoas, de nos tornarmos forças positivas em suas vidas. Pode ser que algumas vezes você considere que essa confiança foi violada, mas essa é a boa notícia de se trabalhar com intangíveis – você não está emprestando algo que não pode pegar de volta. Não dá o seu dinheiro, não dá o seu carro. Você ainda possui a sua riqueza.

Mesmo não contando com recompensas, e até sem planejá-las, elas acontecem. Algumas pessoas que eu juntei saíram de seu caminho para recompensar-me, oferecendo os seus próprios intangíveis: proporcionaram-me novos relacionamentos, deram-me novos conhecimentos. Tudo somado, amor nos negócios significa nunca ter de dizer: "Você está me devendo."

❖

O fato de um *lovecat* fisgar você na rede dele não é valor agregado, é valor multiplicado. É como a diferença entre uma copiadora e um fax. Quanto mais copiadoras as pessoas compravam, mais copiadoras elas possuíam. O custo de usá-las era o mesmo e seu valor não aumentava. Mas, quanto mais fax as pessoas compravam, mais conexões se faziam entre mais e mais pessoas, até que todo mundo tinha de ter uma máquina de fax. Valor multiplicado é isso.

No final, todos vamos construir nossas próprias Internets pessoais e desfrutar os mesmos retornos crescentes proporcionados pela Internet existente. A Internet cresceu como cresceram outras tecnologias baseadas em retornos crescentes. Quando os usuários não passavam de cem mil, a Internet tinha um baixo valor global. Quando o número de usuários aumentou, ela se tornou mais atraente a outros usuários, fazendo-a crescer mais ainda. A Internet assumiu vida própria quando milhões se conectaram, gastando milhões e fazendo com que os retornos crescessem, em vez de diminuir, ao longo do tempo.

Lembre-se: o valor de uma rede cresce na proporção do quadrado do número de usuários. O que significa que, uma vez que atinge um certo tamanho, a rede torna-se quase que irresistivelmente atrativa.

Uma das razões que fizeram a Microsoft emergir como uma das maiores empresas do mundo foi esse mesmo modelo de retornos crescentes. Pense em seus produtos de software como intangíveis baseados no conhecimento: o código e a programação foram inventados por um grupo de pesquisadores extremamente inteligentes. No início, a Microsoft vendia seus softwares com uma pequena margem de lucro porque tinha de recuperar o investimento inicial em conhecimento (pesquisa e desenvolvimento). Mas, com o tempo, o produto tornou-se cada vez mais popular e continuou vendendo até muito depois de a Microsoft recuperar todo o dinheiro investido no desenvolvimento do código de programação original. E a base de usuários continua se multiplicando: à medida que novos usuários compram o software, muitos outros terão de fazer o mesmo devido à necessidade de compatibilidade em intercâmbio de documentos, apresentações e relatórios. Ao mesmo tempo, cada cópia de seus programas custa à Microsoft muito menos dinheiro.

Quanto maior fica, maior há de ficar. O mesmo vale para a sua rede. No mundo conectado, o amor floresce através de uma poderosa forma de comunicação: o *mouse* a *mouse*, cujo crescimento, exponencial, é bem mais rápido do que o do tradicional boca a boca. Eis aqui o que um dia será verdade: nossa rede (*network*) será igual a nosso valor líquido (*net worth*).

III

Compaixão

Falando francamente, eu caí no último intangível por acidente. Tudo começou quando me dei conta de uma coisa simples: eu tinha começado a fazer as pessoas saberem do carinho que eu sentia por elas. Eu não estava agindo apenas como um especialista, um articulador. Estava me envolvendo emocionalmente. Estava sendo humano – no trabalho! E essa demonstração de emoção verdadeira, eu percebi, estava tendo um efeito benéfico na minha vida profissional.

Eu sempre procurei ser uma pessoa atenciosa, mas nunca fora especialmente afetuoso no trabalho. O motivo? Eu me assustava só de pensar no ridículo, no cinismo e na rejeição que poderia ter de enfrentar. No mundo dos negócios isso é conhecido como uma barreira de entrada.

Mas a barreira se desfez quando eu era responsável pelas contas de clientes da Broadcast.com. Quando comecei a mostrar o meu amor por Ken Weil e Tim Plzak, da Victoria's Secret, percebi que esse não era um aspecto secundário, extraprofissional, de nosso relacionamento, mas um fator de sucesso primordial em nosso cotidiano de trabalho. Minha disposição de assumir compromissos com essas pessoas de maneira clara e firme ajudou-as a entender que eu não estava tentando vender-lhes uma lista de produtos ou serviços. Eu estava dividindo o meu coração porque me importava verdadeiramente com o sucesso delas tanto quanto com o meu próprio. Um bom *lovecat*, eu percebia, é tão bom quanto seus colegas.

Não foi uma coisa rápida. Tim já costumava abraçar seus parceiros antes de eu conhecê-lo, e Ken foi se acostumando aos poucos. Mas quando ele me abraçou depois do primeiro show da Victoria's Secret pela Internet, eu vi que ambos havíamos nos tornado *lovecats* extragabinetes, a céu aberto, fora deste mundo. Isso foi uma novidade para Ken também. Agora ele me perguntava pela minha mulher, pela minha paixão por música, pela minha vida. Estávamos desenvolvendo um vínculo genuíno. Tim e Ken criaram em seus corações um lugar especial para mim e vice-versa. Os negócios estavam se tornando uma experiência nova, em que o meu coração estava tão envolvido quanto a minha cabeça.

Logo eu adotei um comportamento parecido com o de meus outros colegas de profissão. Tornei-me emocionalmente mais aberto. Abraçava as pessoas. Cumprimentava com as duas mãos. Fazia contato visual. Sorria. Quando falava às pessoas que ia encontrando em minha jornada diária, eu não me limitava a recomendar um livro ou um contato comercial, mas expressava também meus sentimentos por elas. Qualquer um podia acabar virando um novo Ken Weil em minha vida.

Eis algumas das declarações que eu ousava fazer: "Estou totalmente comprometido com o seu crescimento pessoal", "Obrigado por ser uma pessoa tão incrível", "Eu só quero que você seja feliz, e é isso que vai impulsionar esse acordo", "Eu gosto de você, cara".

E daí que algumas pessoas rissem? E daí que outras pensassem que eu só estava querendo puxar o saco? O conhecimento e a rede são valor agregado e tranqüilidade. Compartilhe seus livros, compartilhe seu caderno de telefones ou seu *palmtop:* você pode ter absoluta certeza de que esses presentes têm aceitação e credibilidade. Mas que tal compartilhar a sua compaixão? Pense na hipótese de ir além do comportamento frio e impessoal do horário de expediente, pense na idéia de superar o impulso de ser reservado quando se trata de sentimentos!

Muitos de nós não se sentem confortáveis com a intimidade no ambiente de trabalho. Mas eu digo que você tem de expressar a sua compaixão, porque, combinada com seu conhecimento e sua rede, essa é a forma de conquistarmos corações e influenciar os negócios nesta que é a aurora do novo mundo do trabalho.

Além do mais, a compaixão é um recurso que, ao contrário do conhecimento e da rede, todos já temos dentro nós. Talvez você não tenha lido um único livro nos últimos quinze anos e se assuste com a idéia por achar que aprender o necessário para agregar conhecimento possa levar anos (é claro que não vai levar). Talvez você ache também que não conseguirá fazer conexões suficientes para criar a sua explosão particular de circuitos de rede (também não é verdade).

Independente do ponto em que esteja a sua carreira, você sabe que é capaz de ouvir as pessoas, de apoiá-las e abraçá-las. A compaixão é algo que você pode começar a praticar ainda antes de terminar este livro.

Ser compassivo nos proporciona uma oportunidade única. As pessoas tendem a ter medo da intimidade no trabalho porque não querem se constranger. Ninguém quer ficar conhecido como um cara cheio de intimidades, um rei do abraço que ninguém leva a sério. Para um *lovecat*, porém, uma imagem instável não chega a ser um problema. Depois de termos começado com nosso conhecimento e nossa rede, e de já termos estabelecido, portanto, as nossas credenciais, podemos arrematar com a compaixão. A compaixão é o glacê que cobre o bolo.

❖

Por que você deve mostrar compaixão no ambiente de trabalho?

Os iniciantes têm uma extraordinária oportunidade de fazer com que a sua compaixão faça a diferença em termos de como as pessoas os vêem e como elas se vêem.

Nossos locais de trabalho são como estábulos cheios de cavalos: se acontece uma comoção em algum lugar do estábulo, todos os cavalos põem a cabeça para fora de suas baias para olhar.

Essas fileiras de baias são difíceis de personalizar. Quase não há lugar para porta-retratos, para fixar objetos pessoais, enfim, para torná-las parecidas com um lar. Todos os componentes de nosso espaço de trabalho são energizados, eficientes e desenhados para operar à velocidade da luz. Comparado com o escritório dos nossos pais – que era ineficiente em termos de espaço, mas ótimo para discussões, encontros a portas fechadas e reuniões informais –, tudo é absolutamente frio.

A vida profissional também é transitória. As idéias nascem, crescem e morrem na duração de uma única carreira. As pessoas vão e vêm como o sol e a chuva. Em conseqüência, a fidelidade de longo prazo às empresas também está se acabando. (Em compensação, a fidelidade de curto prazo pode ser feroz, uma vez que estamos todos em plena batalha contra a concorrência para ganhar dinheiro, ações e outros ativos o mais rápido possível.) O mais provável é que você jamais se envolva emocionalmente com o seu emprego.

Às vezes parece que não tem ninguém conversando. Nós agora usamos uma infinidade de ferramentas eletrônicas de comunicação – e-mail, voice-mail, fax – no lugar da conversa direta, pessoal. É possível que nunca escutemos as vozes de nossos pares ou vejamos as suas assinaturas, a marca mais pessoal de cada um de nós.

Estamos eliminando dos negócios aquela coisa ineficiente chamada humanidade. Não paramos mais para perguntar às pessoas como elas estão, raramente comemoramos êxitos pessoais e, em alguns países mais do que em outros, tocar as pessoas virou um tabu por causa do medo de sofrer um processo por assédio sexual. Expulsamos tudo o que é humano para fora do ambiente de trabalho como se espreme a água de uma esponja, e tudo em nome dos negócios. E parece que patrões e consultores só se preocupam em aprender como despersonalizar ainda mais o ambiente de trabalho.

Você vai protestar se vier a saber que seus filhos estudam em cubículos individuais em edifícios arquitetonicamente frios. E não tem intenção de criá-los em ambientes transitórios, mudando de escola todos os dias, convivendo pouco com outras crianças e sem nunca poder ganhar uma medalha de ouro ou uma nota 10. É fácil prever que essas crianças acabariam problemáticas. Mas será que os seres humanos param realmente de crescer? Talvez paremos de nos desenvolver fisicamente em algum momento entre os dezoito e os vinte e cinco anos, mas emocional e espiritualmente nós nos desenvolvemos até o dia da nossa morte.

O fato de estarmos no trabalho não quer dizer que tenhamos deixado de ser humanos, Às vezes precisamos de alguém que nos toque, que nos faça sorrir, quc nos faça sentir melhor. Como disse Madre Teresa, a maior doença do Ocidente não é a tuberculose nem a lepra; é sermos indesejados, desamados, desassistidos.

Por serem essencialmente utilitárias, as pessoas avaliam as outras por sua capacidade de preencher essas necessidades básicas. Quando você as preenche, está oferecendo algo que ninguém mais no mundo dos negócios oferece. Você se torna aquela pessoa que faz as outras se sentirem bem. É como se estivesse vendendo por um centavo um produto que vale cem vezes mais. A sua compaixão, na verdade, faz com que os outros o vejam como algo que o dinheiro não pode comprar.

Muitas pessoas que ocupam posições de poder subestimam esse conceito por não o compreenderem. Elas atribuem valor a outras habilidades que conseguem entender melhor, como antiguidade, exclusividade e poder. Mas geralmente essas não são as pessoas para quem as outras gostam de trabalhar; elas não inspiram fidelidade.

Outros, porém, compreendem a compaixão magistralmente. Herb Kelleher, por exemplo, diretor-executivo da SouthWest Airlines, é um *lovecat* original. Este homem irá abraçá-lo no dia em que você mais precisar, vai lhe sorrir quando você estiver de baixo astral, vai chamá-lo de Michelangelo independente da posição que você ocupe em sua empresa. Os gerentes que trabalham com ele apreciam a compaixão em seus subordinados. Nas avaliações de desempenho, aqueles que fazem os outros se sentirem bem consigo mesmos – e que também são bons naquilo que fazem – têm mais chances de serem promovidos.

A compaixão o levará a conviver melhor com seus colegas de profissão.

Digamos que nós trabalhamos no mesmo escritório e que você está num daqueles dias particularmente ruins. Lá fora está cinza, você não dormiu bem, sente dor de cabeça, seu chefe acaba de ter um acesso de raiva e por aí vai. Eu vou até a sua baia e lhe mostro a minha compaixão. Abraço você (se você gosta de ser tocado), elogio você (se você gosta de ser elogiado), sorrio para você (se você gosta de receber sorrisos). Tudo o que eu faço – meu modo de ouvir, meu tom de voz, minha expressão facial – faz você se sentir melhor. Você vai buscar uma xícara de café e, ao voltar para a sua baia, passa pela minha e me retribui com um sorriso porque agora está se sentindo melhor. Veja, quem sabe eu estava um pouco deprimido também, mas escondia? Agora estou recarregado. A próxima pessoa que vem até a minha baia – um colega de trabalho, um cliente talvez – também está mal, mas agora que eu fui reenergizado pelo seu retorno positivo posso compartilhar meu bom humor. Posso até ter um dia incrível.

Outro dia, uma pessoa me perguntou: "De onde você tira tanta energia?" Sem vacilar, eu respondi: "Do retorno que eu recebo das outras pessoas." É meu combustível. Eu vivo para criar valor na vida das pessoas e julgo a mim mesmo pelas reações delas. Sou um mercador do amor. Negocio intangíveis. Posso negociar essa moeda ao infinito.

Um *lovecat* é uma fonte permanente de energia, inspiração e otimismo. Se um conhecido lhe dirige um sorriso, é porque você fez bem à cabeça e ao coração dele na última vez em que se viram. É uma resposta estimulada. Significa que ambos podem sair para trabalhar com mais energia, mais vitalidade e mais prazer do que se não tivessem compartilhado aquele bom momento. Quem é que não trabalha melhor quando está com a bateria carregada?

Lembre-se: se você alimenta a ganância de uma pessoa, raramente, se é que algum dia, a sua própria ganância será alimentada em retorno. Mas um sorriso é igual a um sorriso. Quando compartilhamos nossa compaixão, quando damos às pessoas nossa energia e nosso entusiasmo, com toda certeza elas nos darão sua energia e seu entusiasmo de volta. Compartilhar a compaixão é uma coisa contagiosa. Você vai receber mais abraços. Vai ganhar mais sorrisos que os outros. Terá excelentes experiências num mundo onde a excelência é rara.

❖

Ao expressar a sua compaixão, você cria uma experiência de que as pessoas vão se lembrar. E isso é bom para o seu trabalho.

Uma experiência é um acontecimento privado que vem em resposta a um estímulo externo. Quando você toma um sorvete gostoso, quando encontra o seu ator preferido, quando ouve uma dessas notas excepcionalmente altas que as cantoras de ópera alcançam, um momento particular pessoal é disparado em sua cabeça e em seu coração.

Como já foi dito, sua capacidade de criar experiências pode fazer decolar a sua carreira. Ela aumenta o seu valor e empurra o seu preço para cima. A verdade é que estamos todos fazendo marketing de nós mesmos todos os dias. Ser apreciado é uma parte importante desse marketing pessoal – o trabalho fica mais fácil se as pessoas recorrem a você. E, à medida que passamos da economia de serviços para a economia da experiência, o nosso foco muda dos benefícios que os produtos ou serviços proporcionam para as sensações ou experiências que eles criam.

Agora transfira essa teoria de volta para você mesmo: pense em sua vida profissional como um espaço para encontrar pessoas e criar para elas experiências interessantes.

Raramente criamos experiências memoráveis por meio de transações elementares, do tipo "Não perca esta oportunidade", "Assine aqui", "Vai estar lá na terça-feira", "Muito obrigado". É puro negócio. Nenhum sentimento, nenhuma sensação, exceto a satisfação ocasional de ter economizado dinheiro, como, por exemplo, "Cara, fiz um negócio da China!".

Na verdade, quando o negócio tradicional cria uma experiência, ele depende de algum tipo de recurso. Você pode, por exemplo, proporcionar uma experiência limitada com a sua capacidade de divertir – todos conhecemos pessoas que fazem isso. Pessoas que contam piadas, dizem coisas engraçadas, falam mal da vida alheia. Mas o papel de palhaço é duro de sustentar – só umas poucas pessoas são engraçadas ou informadas o suficiente para prender o interesse dos outros por muito tempo.

E há os que incitam a cobiça. Dão descontos, desrespeitam as regras, pagam almoços e jantares para agradar. Mas esse papel também é difícil de sustentar – no final, essa falsa generosidade sempre sai do lucro de alguém. Incitar a ganância não é uma boa forma de diferenciar-se, e já tem muita gente lutando para ocupar esse espaço.

Mas, se mostro meu carinho por você, é mais provável que você ouça o que eu tenho a lhe dizer. As pessoas gostam quando a conversa se centra nelas, isso desperta sua atenção. Quanto mais você se importa sinceramente com as pessoas, maior a probabilidade de que elas revelem os seus atributos como seres humanos. No mundo dos negócios, isso é tudo.

Não importa se o que você tem para oferecer é uma pessoa, um produto ou um serviço: crie a experiência mais atrativa que puder. As pessoas para as quais você criou a experiência irão se tornar os seus mais ávidos vendedores. Vão falar bem de você para todo mundo. Vão indicar o seu negócio. E essa indicação não diz respeito apenas à qualidade de seu serviço ou produto. As pessoas indicam quem representa uma boa experiência para elas. Em pouco tempo, em vez de um círculo social, você ganhará um fã-clube.

❖

A compaixão cria compromisso – o que ajuda você a ampliar seus conhecimentos e relacionamentos.

Quando você diz que está comprometido com o sucesso das pessoas, está fazendo uma promessa. Quando as abraça, está fazendo uma declaração específica a respeito de como você se sente. Quando assegura que sua intenção é fazer a diferença na vida profissional delas, está criando uma expectativa.

Sua demonstração de compaixão põe suas intenções sobre a mesa. Ao deixar claro, num relacionamento comercial, que se preocupa com os outros, você não pode – não pode! – deixá-los na mão.

Se você é frio e calculista (do tipo o-que-é-que-você-tem-feito-por-mim-ultimamente), não tem nenhuma promessa a cumprir. Não se compromete com nada nem com ninguém, portanto não tem por que se preocupar. Mas, se você é afetuoso e compassivo, não pode trair essa relação expressa. Você se comprometeu a ajudar os outros. (Lembre-se do presunto e dos ovos: galinha = envolvimento, porco = compromisso.)

E não é nada fácil. Todos podemos ficar bastante cansados. Viajamos o tempo todo. Não dormimos o suficiente. Chegamos à beira da exaustão. É difícil continuar alimentando nosso valor lendo livros e construindo redes. É difícil seguir em frente com todas as tentativas de compartilhar nossa rede. Mas devemos. Porque prometemos. Você não pode ir embora depois de colocar na mesa uma coisa como "Eu te amo".

E nem pode mudar de idéia. Poucas coisas em nossa vida pessoal ou profissional são tão irritantes quanto uma pessoa que é afetuosa num minuto e fria no seguinte. Não importa o contexto, isso dói.

Seja constante. Permaneça focado. Toda vez que você toca as pessoas no trabalho é como se estivesse concorrendo à presidência de seus corações, com a obrigação, portanto, de cumprir as promessas de campanha.

❖

A compaixão compra o perdão.

Quem gosta de relacionamentos afetuosos e compassivos com seus colegas de profissão tem direito a uma certa margem de erro naqueles momentos em que é menos que perfeito – e todos somos imperfeitos em algum momento. Não que você deva tirar vantagem dessa flexibilidade. Mas é como ter uma poupança. É bom saber que o dinheiro está lá. Quanto menos humanos nós somos, mais os nossos parceiros nos avaliam em termos puramente quantitativos. Nós não lhes damos nenhum outro padrão de medida. Mas, quando transformamos um colega de profissão num verdadeiro camarada, o perdão vem naturalmente. De modo que, mesmo que as circunstâncias mudem, ainda nos preocupamos um com o outro, ainda temos uma vínculo de confiança mútua.

Pense na diferença entre o posto de gasolina com auto-serviço, onde você mesmo abastece seu carro, e a sua lavanderia. Como você não conhece nada nem ninguém no posto de gasolina, pode abastecer em qualquer outro que lhe ofereça melhor preço ou que seja mais conveniente. Mas você continuará sendo freguês da lavanderia mesmo que os preços subam, ou que você se mude para outro bairro, devido ao histórico de bom relacionamento. Quando a minha lavanderia estragou uma camisa certa vez – coisa que em geral me deixa louco de ódio –, eu perdoei porque gostava dos donos e porque acreditava que, algum dia, eles reparariam o erro (poucos meses depois, quando eu precisei que lavassem e passassem um terno em menos de uma hora, eles me atenderam com alegria).

As relações profissionais também são mais duradouras quando se baseiam em sentimentos humanos. A Cisco Systems é um bom exemplo. Os clientes ficam com a Cisco mesmo quando ela comete erros (acontece de vez em quando no mundo dos negócios também), porque se trata de uma empresa que fomenta parcerias de maneira generosa e incansável.

A Cisco costuma convidar pequenas empresas para seminários onde ela ajuda a elucidar o futuro, transferindo conhecimento gratuitamente e criando um ambiente propício para que essas companhias se encontrem e construam alianças. Em geral os participantes ficam surpresos com o fato de a Cisco se dispor a investir tempo e dinheiro sem perspectiva de retorno direto. Mas foi assim que ela criou em torno de si um certo halo.

❖

Agora que você entende as razões para ser compassivo, é hora de falar a respeito de como você pode se tornar aquele *lovecat* ronronante capaz de mudar o mundo ao seu redor com seu estilo inteligentemente humano.

Tenha sempre em mente: mostrar compaixão é um processo, não uma simples ação. Uma ação é: preencher um cheque, abrir uma porta, apresentar um amigo a outro amigo. Um processo é: elaborar um plano eficaz e sustentado, de longo prazo, para mostrar compaixão.

Quando a compaixão é somente um passo, ela acontece quase

que por acaso. Você nem sabe por que deu esse passo, não se lembra de suas ações, não tem a menor idéia do tipo de impacto que o seu gesto causou.

Mas, se você quer ser compassivo de verdade, pratique a compaixão como parte de um processo no qual você dá sempre o melhor de si. Isso pode ser aperfeiçoado com a experiência quando encara a compaixão como um processo de dois tempos – **sentir** e **expressar**.

Sentir começa como experiência sensorial bruta. Alguém se aproxima e você percebe, pela conversa ou pela linguagem corporal, possibilidades que lhe permitem ligar-se, ou uma centelha que faz você sentir uma afinidade imediata com essa pessoa. Sempre que isso acontece comigo, imagino um tamanduá pegando sua refeição num reflexo mais rápido do que o olho humano é capaz de ver. Você precisa estar preparado para esses momentos de intuição. Eles são poucos e espaçados. Mantenha-se atento o dia inteiro.

É difícil que alguém possa ensiná-lo a ter uma voz excepcional para o canto – este é um talento inato –, mas um instrutor pode lhe mostrar como melhorar a sua voz por meio do aquecimento das cordas vocais e como alcançar notas mais agudas do que você supunha ser capaz. A mesma idéia se aplica aqui. Eu não posso mudar a sua capacidade inata de sentir as necessidades das outras pessoas, mas posso ajudá-lo a afinar os talentos que já possui. Como *lovecat*, você trata a sensibilidade como uma aptidão e se empenha em melhorar a sua capacidade de se ligar aos outros.

Alguns, é verdade, não têm muita sensibilidade para com as outras pessoas e talvez nunca venham a ter. Mas a maioria tem – especialmente os profissionais de negócios. Nós construímos essa habilidade com o tempo porque, para sermos bem-sucedidos nos negócios, devemos aprender a observar o mundo ao nosso redor com muita, muita atenção.

No entanto, muitos de nós não sabem o que procurar. Eu com certeza não sabia até me dedicar ativamente a ser um *lovecat*. Não existe um caminho só para todo mundo. É uma coisa pessoal: cada um terá uma forma diferente de expressar seu amor e sentir a receptividade dos outros. Eis aqui algumas dicas para você começar:

Observe a linguagem corporal. As pessoas revelam tudo com o tempo. Todos temos oportunidades de avaliar nossos contatos com clientes, chefes e assistentes.

Cada pessoa tem a sua própria fórmula de amor corporal. Alguns são reservados, outros estão sempre abraçando ou tocando os colegas de trabalho. Observe como as pessoas reagem quando os colegas entram na sala. Algumas só mexem a cabeça e emitem um simples "oi". Outras se levantam e dão um caloroso abraço. O primeiro é o gesto mínimo, e o segundo, o gesto máximo. Descubra o mínimo e o máximo com que se sente confortável. Talvez você descubra que um determinado sujeito é capaz de abraçar o seu melhor cliente quando o encontra antes de uma conferência, mas costuma passar a palma da mão na perna da calça antes de cumprimentar você. Claramente, ele trata os conhecidos diferente dos amigos de longa data.

Algumas pessoas são acessíveis; outras, não. Não as misture. Pense nisso do seguinte modo: se alguém gosta de música suave e você quer tocar uma música que tem um crescendo, comece com notas suaves. Espere até começar o crescendo. Já com os seus amigos, fãs de hard rock, você vai logo detonando esse crescendo desde a primeira nota para não perder a atenção deles. O mesmo acontece com o amor.

Senso de oportunidade é tudo. Existe uma hora certa e uma hora errada de expressar verbalmente a sua compaixão. Dê atenção aos sinais. No final você vai ficar sabendo quando tem permissão para "sair do tema" com as pessoas.

Cada pessoa tem suas próprias regras de conversação. Algumas são muito objetivas e tratam apenas de problemas práticos. Não permitem uma conversa mais íntima. Pessoas assim tornam difícil expressar compaixão. Conviva com isso.

Outras pessoas são mais propensas a se desviar do assunto. Os pontos de inserção mais comuns que propiciam são as pausas sugestivas que marcam o começo da conversa, quando elas estão mais abertas a falar sobre outra coisa que não o negócio em pauta. Se essas pausas não são preenchidas, e uma vez que o assunto de negócios entre em pauta, a conversa se torna rápida e objetiva. Não deixe passar essas oportunidades. Desenvolva o seu instinto para perceber esses momentos em que as pessoas lhe deixam introduzir assuntos pessoais na conversa.

Sempre que eu sinto que é apropriado expressar compaixão, mudo o rumo da conversa. Digamos que você tenha mencionado o fato de estar chovendo lá fora. Eu poderia perguntar: "Isso faz você querer ficar em casa assistindo à sessão da tarde ou o deixa de baixo astral?" Talvez você admita estar se sentindo mesmo para baixo. Aí eu poderia perguntar se isso tem alguma relação com o seu emprego ou com a sua empresa. Se você me responder que o pessimismo em torno da sua atividade se deve ao mercado em baixa, eu aproveito para mostrar como estou realmente preocupado com você e para lembrar o quanto você é importante para a sua empresa. Ou seja, faço tudo o que está ao meu alcance para aquecer o seu dia.

A maioria das conversas de negócios é objetiva, para resolver uma pendência ou fechar alguma transação. Mas, quando as pessoas se desviam do assunto, seus campos de força caem temporariamente e não voltam a funcionar até que elas retornem ao negócio em pauta. É nessa hora que você tem a sua melhor oportunidade. É verdade que certas pessoas nunca baixam a guarda. Você tenta entrar, mas não consegue.

Mas não deixe escapar boas oportunidades. Às vezes as pessoas levantam a bola para você com um simples "Como vai você?". Provavelmente, nenhuma outra pergunta é mais feita e menos respondida no mundo dos negócios.

❖

Agora que você afiou os seus instintos sensoriais, é hora de **expressar**.

Os humanos são sortudos por terem tantas formas diferentes de expressar seus sentimentos – olhares, palavras e gestos. Incontáveis livros já foram escritos sobre o assunto, portanto pense nessa questão apenas resumindo o tema até poder, caso lhe interesse, estudá-lo mais profundamente.

Comece pelos olhos, essa arma do nosso arsenal não-verbal em geral tão pouco utilizada. Meu autor *lovecat* favorito, o número um de todas as horas, Leo Buscaglia, disse que, numa multidão de gente estranha, ele sempre procura o que chama de "olhos amigos". Eles lhe dão confiança – é o que diz em seu livro *Amor*. "Mesmo que você esteja falando uma bobagem... eles estarão dizendo: 'Está tudo certo, cara, vá em frente!'"

Quando você deixa as pessoas olharem direto nos seus olhos, parece que elas estão vendo a sua alma. É por isso que temos a sensação de que as pessoas sabem se estamos mentindo quando elas nos olham dentro dos olhos. É também por isso que temos um contato visual tão profundo com nossos amantes. Talvez seja essa a forma de comunicação mais direta que existe entre os seres humanos. O grande escritor espanhol Cervantes chamava os olhos de "as línguas silenciosas do amor".

Embora olhem uns para os outros o tempo todo, os profissionais de negócios raramente se olham nos olhos. Faz parte da nossa cultura. Como disse certa vez o articulista Ann Landers: "A televisão provou que nós olhamos para qualquer coisa que não seja uns aos outros." Olhamos para as testas, as sobrancelhas, os narizes – tudo menos os olhos. Por isso, quando necessário, agarro os ombros da outra pessoa com as minhas mãos para que os nossos mundos parem tempo suficiente para um contato visual verdadeiro. É a forma mais forte de ligar-se. Mostra que você está presente e que você se importa.

Sorria. Óbvio? A maioria das pessoas se esquece de fazê-lo. Esforce-se para sorrir quando cumprimenta ou se dirige às outras pessoas. É óbvio que nem sempre é apropriado. Você não sorri quando sabe que a outra pessoa não vai gostar ou que a situação não é propícia. Mas um sorriso tem um efeito surpreendente. Observe como são raros e positivos esses momentos da vida profissional em que as pessoas sorriem para você.

Pense nisso que eu chamo de sorrisos da alma. Todo mundo sabe sorrir, embora muitos exibam aquele sorriso falso que é pior do que nenhum sorriso. As pessoas sabem reconhecer quando alguém está realmente sorrindo ou só mostrando os dentes. Algumas pessoas, porém, sorriem desde a alma. A gente se sente tão confortado como quando recebe um abraço de um amigo íntimo depois de uma longa ausência.

Use palavras afetuosas para se expressar. Muitas pessoas seguem o modelo impassível. Não gostam de mostrar as suas cartas. Esse estoicismo está entranhado nos negócios: "nunca os deixe saber que você quer comprar, nunca os deixe pensar que você quer vender e nunca os deixe ver que você está suando". Algumas empresas não compartilham informações com seus parceiros pelo mesmo motivo – elas acham que o poder é uma questão de manter as coisas privadas. Eu discordo.

Suponha que um certo sujeito trabalhou para O Chefão durante oito anos. Trabalhava doze horas por dia quando a coisa ficava feia, estava sempre lá quando precisavam dele, era um profissional consistente. Mas agora ele está com problemas financeiros. Faz um ano que não ganha um aumento. Ele não sabe qual será o seu próximo passo, mas sente que podia estar melhor em outro lugar. Então ele diz ao patrão que tem vontade de ir embora. O Chefão gosta do sujeito, mas em seu mundo não há hipótese de dizer uma coisa dessas. Portanto ele engole a língua e diz adeus, não sem acrescentar um frio "boa sorte". Para ele, isso é emoção suficiente. Mas tudo o que o empregado ouviu foi que o patrão não está nem aí. Ele vai embora se sentindo ainda mais infeliz do que antes. O Chefão fica triste, o cara mais triste ainda – a desconexão é total.

Nossas palavras são o que dão colorido à nossa vida profissional. Faça afirmações positivas, compromissadas, factíveis. Em geral somos vagos e ambíguos, vestimos uma máscara insondável mesmo quando tentamos banhar a outra pessoa em compaixão. Já pensou em quanta simpatia fica registrada quando você tenta dizer "Eu aprecio muito o trabalho que você tem feito para mim", mas tudo o que consegue é latir "Bom trabalho", sem sequer olhar para a outra pessoa?

Eis aqui um truque que aprendi com Leo Buscaglia: durante um dia, sempre que você estiver para dizer a palavra *detesto*, tente substituir por *adoro*. Observe a atitude de seus colegas.

Digamos que você é diretor de uma agência de propaganda e uma funcionária lhe traz o protótipo de um projeto. Você diz: "Detesto trabalho que atrasa. Detesto cores neutras em campanhas publicitárias. Detesto convite em papel fino." Talvez você esteja falando a verdade em todos os casos. Mas experimente dizer: "Adoro quando as pessoas me avisam que o trabalho vai atrasar. Gosto quando vocês se arriscam a usar cores neutras. E gostaria ainda mais se fosse papel-cartão."

Assim, você também estará colocando o seu ponto de vista. E estará deixando os seus colegas de trabalho mais felizes.

Expresse-se agora mesmo. Diga hoje mesmo às pessoas que você as ama. Quando eu faço um novo contato, costumo pedir-lhe que feche os olhos e pense numa pessoa ligada à sua vida profissional passada ou presente com a qual ele se importa – alguém a quem ele nunca disse isso. Aí eu digo, ligue para essa pessoa agora mesmo, não importa onde ele ou ela esteja, e declare seu amor.

Esse macete é contagioso. Conectar pessoas de uma forma positiva é como colocar água nas plantas – o amor irá germinar e florescer. Num recente encontro com meus *lovecats* do ValueLab, eu pedi a todos que pensassem em cinco colegas da empresa com quem eles se importavam. Cada um foi para o quadro e escreveu cinco nomes, acompanhados de um resumo das características e atributos dessa pessoa. Aí eu apontei para o quadro e disse ao grupo que esses nomes eram a lista mais importante que eles veriam em suas vidas. Em seguida, pedi a cada um que fizesse um círculo em volta de um dos nomes apresentados. "Essa pessoa tem uma necessidade especial de compaixão", eu disse. "Quando nosso encontro acabar, faça-a saber o quanto você se importa com ela."

Todos saíram, fizeram o que foi combinado e voltaram para me dizer que o resultado foi a grande felicidade de um amigo que antes não estava se sentindo tão feliz.

Use os braços. Eu não sei quem inventou o abraço – provavelmente algum *lovecat* primata há alguns milênios –, mas ele é um gesto natural tão maravilhoso quanto vastamente subaproveitado no ambiente de trabalho. Quando abraçamos, transferimos energia e sentimos bater o coração do outro, fazemos as pessoas se sentirem mais próximas de nós. Mas aqui precisamos de uma boa dose de discrição inteligente. O ambiente de trabalho pode colocar muitos obstáculos ao toque e, especialmente, ao abraço.

Eu aprendi a abraçar aos poucos. Não dou um abraço forte

enquanto não estou seguro de ter a permissão do outro. O começo é lento. No primeiro abraço, aplico só um pouco de força, uma pequena compressão lateral. Só quando tenho a certeza de que o outro se sente confortável é que o abraço como faria com um amigo fora do ambiente de trabalho.

É claro que você precisa levar em conta a situação. Raramente abraço pessoas que estejam subordinadas a mim, que trabalhem num espaço fisicamente próximo ao meu ou que já tenham demonstrado desconforto com a situação. Mas ainda sobra um monte de gente para abraçar neste mundo. Procure fazê-lo de maneira inteligente.

Aperfeiçoe seu aperto de mão. Apertos de mão também transferem uma ótima energia, especialmente quando combinados com um abraço e/ou um sorriso. O mundo dos negócios supervaloriza o aperto de mão firme. Eu creio no aperto de mão equivalente. Quero que ele se equipare ao do outro em força e ritmo.

Observe como as pessoas se cumprimentam e registre em sua mente para melhor conhecê-las com o passar do tempo. O aperto de mão constitui uma assinatura razoavelmente consistente. As pessoas tendem a apertar as mãos sempre da mesma maneira: o grau de firmeza, a altura que a mão alcança, o movimento aplicado. Desenvolva um aperto de mão que replique o do outro, para transmitir a noção de que vocês se equivalem em firmeza, distância e ritmo.

E não esqueça o poder da outra mão. Sempre cumprimento um novo contato com um aperto de mão simples. À medida que aumenta a proximidade, eu estendo as duas mãos e procuro apertar-lhe a mão e tocar-lhe o braço ao mesmo tempo. É um modo de expressar um compromisso ligeiramente maior.

Tenha sempre em mente: antes de tocar uma pessoa, você deve se certificar de que tem permissão para fazê-lo.

Quando uma pessoa entra numa sala, faça questão de olhar para ela. Quando entrei para o Yahoo! e me mudei para a Califórnia, eu me sentia invisível. Ninguém parecia me ver. Caminhava pelos corredores e comparecia às reuniões me sentindo sempre só. Aí, um dia, ao entrar numa reunião importante, diversas pessoas olharam para mim e sorriram. Eu soube que havia chegado.

Isso vale para a maioria das pessoas que começam num novo emprego – você se sente estranho até o dia em que entra num lugar e os colegas o olham diretamente, fazendo-o se sentir em casa.

Mas por que leva tanto tempo? Olhe para as pessoas que entram na sala. Não é necessário anos de convívio para fazê-lo. Esse é o primeiro movimento em direção à compaixão. Você está dizendo: "Eu noto a sua presença e estou feliz por você estar aqui." Isso pode fazer toda a diferença. Meus *lovecats* do trabalho sabem que eu sempre os reconheço quando entram na sala, e eles gostam. Hoje fazem a mesma coisa com os outros.

Esteja preparado. Embora os negócios nos propiciem contato permanente com outras pessoas, quantas vezes nós temos oportunidade de demonstrar compaixão? Esses encontros, na maioria, são rápidos – um e-mail, um telefonema rápido, um encontro ocasional no corredor. Sempre que tiver ocasião de mostrar sua compaixão, faça-o. A chance não aparece a toda hora. Relacionamentos duradouros começam muitas vezes com o que parecem ser pequenas oportunidades.

Seja espontâneo. Quanto mais ficar pensando na compaixão, menos credibilidade vai ter a sua manifestação. Quando age sem hesitar, está despindo a sua alma. Esperar alguns minutos que sejam pode ser errado. Afinal, se alguém muito importante na sua vida lhe diz "Eu te amo", você não vai esperar o dia inteiro para responder "Eu também te amo". Você diz no ato. O amor no trabalho não é diferente.

❖

Depois que tiver ampliado os seus meios de expressão, você deve buscar oportunidades para expressar-se. Já falamos a respeito dos pontos de inserção apropriados para compartilhar o seu conhecimento e a sua rede. Agora é hora de buscar pontos de inserção adequados para compartilhar a sua compaixão.

São três os pontos de inserção principais nos relacionamentos profissionais: saudações, conversas e o que eu chamo de oportunidades rápidas.

Saudações

Kevin Smith, da Kellog, é um nó recente na minha rede. Nós nos conhecemos numa reunião em que eu fazia a minha costumeira celebração *lovecat*. Terminado o encontro, ele falou que havia gostado muito da minha energia. "Fique em contato e nós faremos muita coisa juntos", ele disse. Apertamos as mãos e fizemos uma firme conexão.

Quando nos vimos de novo, eu me levantei e o recebi com um sorriso na hora em que ele entrou na sala. Kevin estendeu a mão para me cumprimentar, falamos sobre nossas famílias e nossas vidas, e por meio daquele olá restabelecemos nossa relação.

As saudações oferecem oportunidades de expressar compaixão porque, nos negócios, toda vez que dizemos olá, ou até logo, temos permissão para nos expressar. O indivíduo médio tem cerca de doze oportunidades por dia – ou seis pessoas, duas vezes cada – para dizer olá e até logo. São sessenta saudações por semana, duzentas e quarenta por mês e quase três mil em um ano.

O que você pode fazer com essas oportunidades? Pode se expressar com suas palavras, sua energia e seu abraço.

Primeiro certifique-se de que vê o outro como um indivíduo. Pesquisas e mais pesquisas dizem que, ao chamar os outros pelo nome, você faz com que eles se sintam melhor consigo mesmos. Dale Carnegie observou certa vez que a maioria das pessoas acha que não há som mais maravilhoso do que o do próprio nome. E isso significa que elas vão prestar mais atenção ao que você está falando. (Mas não exagere – conheço gente que fala meu nome tantas vezes que fica até chato. Como sempre, seja discreto.)

Outro enfoque: prenuncie uma boa conversa. Quando saudar uma pessoa, diga-lhe que você estava mesmo querendo conversar com ela e que prevê um bom resultado.

Depois, como parte da saudação, faça uma pergunta: "Como vai?" Certifique-se de oferecer atenção. Muitas pessoas, quando perguntam pela saúde, pela carreira ou pela família do outro, passam rapidamente ao que realmente lhes interessa, em geral algo que diz respeito a elas mesmas. E nem usam uma linguagem corporal que diga: "Estou ouvindo." O corpo denuncia: "Não estou nem aí."

Quando fizer uma pergunta, respire fundo, faça contato visual e incline-se para a frente para mostrar que está envolvido. Isso dá o tom certo para qualquer coisa que venha em seguida. Ou então confirme seus sentimentos assim que encontrar seu colega ou parceiro: "Estou muito contente em vê-lo", "Estava mesmo querendo falar com você".

Não fuja dos bordões que as pessoas muitas vezes usam como saudação. São aquelas expressões que surgem nas novelas, nos programas humorísticos, nos *reality shows* ou na propaganda e que se transformam em mania nacional, como "Amado mestre", "Fala sério" e "Amore mio". Algumas delas são tolas, mas a maioria das palavras que dá energia às outras pessoas também são.

O bordão não é uma questão da palavra em si mesma. É uma questão de atitude. Use os bordões. Deixe que eles se tornem moeda corrente. Mesmo que já não agüente mais a campanha publicitária daquela companhia telefônica, quando um executivo iniciante tirar os óculos e gritar "Oiiiiiiiii", vá na onda, desfrute, participe. Não perca nunca a disposição de não se levar a sério, de se divertir com os outros.

Esses refrões ficam velhos rapidamente, mas, enquanto estão quentes, são verdadeiros torpedos. Há também os eternos bordões, como chamar as pessoas de "campeão". Geralmente, temos algum cliente que é nosso fiel defensor. Então, quando vamos a uma reunião na empresa dele e o encontramos, podemos cumprimentá-lo com um efusivo: "Meu campeão!" Palavras como essa nunca perdem a força.

Um bordão compartilhado mostra que você está relaxado, com a guarda baixa, e que tem confiança suficiente no outro para se fazer um pouco de tolo.

Nós incluímos na saudação o toque e a expressão, agora cabe a você, com o tempo, desenvolvê-la. Não tente fazer tudo de uma vez só. Em *Marketing de Permissão*, Seth Godin diz que, se um homem entrar num bar e der em cima de todas as mulheres, elas o rejeitarão. Mas, se ele perguntar a uma mulher se pode lhe oferecer uma bebida, talvez consiga iniciar uma conversa. Depois de algum tempo, talvez ela lhe dê permissão para namorá-la e, quem sabe, um dia, aceite se casar com ele. Ter permissão para se aproximar das pessoas é tudo. Você deve começar com pequenas permissões, como cumprimentar com as duas mãos, fazer contato visual e sorrir. Depois, pode ir ganhando espaço com o tempo.

Conversas

As conversas proporcionam muitas oportunidades diferentes para você se expressar, seja viajando de avião, almoçando ou trabalhando com outras pessoas num projeto. Uma coisa muito importante é emoldurar a sua conversa com amor.

Ao emoldurar um quadro, você o coloca numa certa perspectiva. Uma conversa emoldurada com compaixão também ganha perspectiva. Deixe claro que o foco da conversa é o benefício e a felicidade do outro. Faça uma declaração de compromisso nesse sentido. Desse modo, até as conversas mais fortuitas têm o potencial de se tornarem importantes para ambos.

Mesmo um bate-papo de dez minutos eu emolduro com uma perspectiva. Talvez você tenha exposto uma idéia organizacional nova que mostra a sua capacidade de modernizar toda a sua atividade. Poderíamos então falar sobre como qualquer um de nós pode promover mudanças fundamentais em seu negócio, e a sua pequena idéia começa a parecer muito maior.

Use a conversa para se comprometer. Quando estiver conversando com uma pessoa que já conhece há algum tempo, pare no meio de um tema espinhoso e diga: "Eu gosto de você e vou me empenhar pelo seu sucesso."

São declarações difíceis de fazer porque cada uma é um compromisso que será lembrado. Elas o obrigam a cumprir a sua palavra porque foi você que aumentou a aposta. Se acha que pode decepcionar as pessoas sendo apático, experimente decepcioná-las depois de ter hipotecado a sua compaixão!

Muitas conversas são mecânicas. Passamos por uma série de temas obrigatórios e depois corremos para o refrigerador, o avião ou a TV. Em vez disso, seja uma pessoa afetuosa: ouça, deseje, ajude – faça tudo o que uma máquina não pode fazer.

Depois que o meu dia termina, eu trabalho no aperfeiçoamento de minhas habilidades conversacionais. Como um treinador de futebol, eu passo na minha mente os VTs das partidas do dia. Penso nas oportunidades perdidas. Penso nos equívocos. Penso se emoldurei corretamente uma conversa, se a conduzi bem, se fiz as declarações de compromisso acertadas. Será que fui humano? Será que posso melhorar minha conversa de maneira a aprofundar o relacionamento?

Desenvolvi uma nova prática acessória às conversas. Todos tiramos montes de fotografias quando saímos de férias, mas raramente fazemos isso no trabalho. Minha mulher me deu há pouco tempo uma câmara digital que se tornou parte de meu arsenal de amor no trabalho. Sempre que me parece apropriado, no final de uma reunião, peço para tirarem uma foto minha com meu novo alvo de afeição profissional. A foto preserva a memória afetiva para sempre. Às vezes eu mando a foto por e-mail como parte de meu acompanhamento *lovecat*. Outras vezes, eu a imprimo, emolduro e mando pelo correio. É comum a pessoa colocar a foto em seu escritório, perto das fotos de família, para que os outros a vejam.

Oportunidades Rápidas

São aqueles diálogos rápidos que ocorrem nos telefonemas, nos encontros de corredor, nos estacionamentos, no banheiro, junto à máquina de café. Esses encontros podem ser compensadores, mesmo que muito breves. Todo mundo sabe, principalmente as empresas de correios e telefonia, que os e-mails estão substituindo rapidamente as cartas e os telefonemas. Você pode passar batido por esses encontros, como um autômato, mas verdadeiros *lovecats* vão devagar, eles aproveitam a oportunidade para se expressar. Em tão pouco tempo, você não pode chegar junto – não dá para sair falando, sem mais nem por que, o quanto você gosta de uma pessoa que está ocupada servindo um cafezinho ou checando o e-mail. Mas sempre há a possibilidade de expressar o seu amor profissional.

Faz pouco tempo eu estava conversando *on line* com um conhecido chamado Derek Nwamadi, que me enviara uma mensagem para dizer que tinha pedido demissão do emprego. Trocamos alguns e-mails até que tive a inspiração de lhe pedir que me telefonasse.

Quando Derek me ligou, eu disse que tinha interesse em fazer amizade com ele e prometi pensar em algum conselho útil. Aqui uma oportunidade rápida de três minutos se transformou num vínculo sério.

Aproveite essas pequenas chances, junte uma faísca, aumente o nível de energia – tudo o que possa funcionar na situação. Oportunidades rápidas e boas levam a outras oportunidades rápidas e boas. Quando fica claro que mesmo em conversas rápidas você oferece valores intangíveis, as pessoas ficam mais propensas a adicioná-lo ao circuito delas.

❖

Expressando seus sentimentos, você receberá retorno – goste ou não. O retorno, mesmo quando desagradável, ajuda-o a expandir o seu estilo *lovecat* à medida que vai descobrindo como se expressar com mais naturalidade e em que situações. A compaixão é um talento que se cultiva com a experiência.

Repasse o retorno recebido em todas as suas conversas, reuniões e encontros. Pense se expressou bem os seus sentimentos. Você vai identificar lances bons e ruins. Algumas vezes você vai achar que é maluco. Outras há de pensar: "Essa experiência foi o máximo para mim."

Aprenda a perceber quando tem uma oportunidade de fazer mais. Se você segura a minha mão quando eu aperto a sua, isso significa que eu posso segurar a sua mão também. Se me dá um abraço leve, é provável que eu possa dar outro um pouco mais forte.

Aprenda a filtrar o retorno. Água da bica fica livre das impurezas quando passa pelo filtro. Passe por um filtro as reações básicas das pessoas à sua compaixão para saber o que suas respostas realmente significam.

Algumas não reagem das primeiras vezes. Eu tenho um filtro que diz que é compreensível não haver qualquer reação. Outras talvez se afastem. Tenho um outro filtro que diz que esse desconforto também faz parte. Há ainda aqueles que riem nervosamente – tenho um filtro para lidar com isso também.

Não desamine com o retorno negativo. Você vai levar pancadas e se machucar pelo caminho. Pessoas que se orgulham de ser fechadas não vão revelar seus sentimentos. Outras vão pensar que você está tentando lhes aplicar algum truque mental Jedi para levar vantagem no negócio. Talvez elas pensem que a sua estratégia não é o amor – e sim a manipulação fria. Mas, se agir com sinceridade, em algum momento a maioria das pessoas vai cair em si e perceber que não se trata apenas de negócios, mas de amor também.

Acredito firmemente que as pessoas são, em geral, boas, que elas tendem a amar quem as ama e que gostam mais da palavra "amor" do que da palavra "ódio".

Nem sempre parece ser assim. Tive há pouco tempo um encontro com um grupo de executivos de um grande estúdio de Hollywood. A questão em pauta era a nova tecnologia. Pessoas que não vão regularmente ao cinema (onde se vêem trailers) ficam sabendo dos filmes principalmente através de campanhas publicitárias na TV. Mas, hoje em dia, com o controle remoto, os telespectadores costumam mudar de canal na hora do anúncio e acabam não vendo as chamadas dos filmes. Compilei várias pesquisas, pensei e sugeri maneiras de os estúdios usarem a Internet para ativar os negócios, além de oferecer contatos para eles consultarem. Durante toda a minha apresentação, o executivo responsável pela publicidade ficou de braços cruzados e com a cara amarrada. Quando terminei, ele rosnou: "Vocês acham que a Internet é solução para tudo, vai trazer o café da manhã, vai dizer quando estamos doentes. Eu não caio nessa." Fim de papo.

Quase saí da sala. Eu sou de Vênus, os executivos do cinema são de Marte.

Como o amor nem sempre é aceito, você precisa aprender a lidar com a rejeição da mesma forma como aprendeu a lidar com o retorno negativo. Nós, *lovecats*, devemos nos preparar para esses momentos em que, por cauteloso e refletido que tenha sido o nosso abraço, a pessoa se afasta. Quando falamos a um parceiro do carinho que sentimos por ele, nossas palavras podem cair no vazio. Nosso sorriso pode ser retribuído com um franzir de sobrancelhas. Se não estiver preparado para esses momentos, o choque, a decepção ou a exaspcração podem fazê-lo desistir para sempre do seu estilo *lovecat*.

Gostemos ou não, a rejeição é certa na vida profissional. As pessoas temem a intimidade, e contra ela nós costumamos erguer uma barreira, que se manifesta como um certo senso de distanciamento emocional. Somos ensinados, desde o começo de nossa educação empresarial, a construir um muro entre nós e os demais. Eles nunca param de nos dizer para manter a guarda levantada. "Quem é legal fica por último", eles dizem. "Você dá o dedo, e eles querem a mão." A teoria tradicional diz que, na paisagem competitiva dos negócios, a intimidade é uma vulnerabilidade que equivale à fraqueza.

Portanto, talvez você tenha de invadir o espaço profissional dos outros para estabelecer essa intimidade. Isso faz do amor um desafio profissional. Você está realmente assumindo um risco, mas lembre-se: trata-se de um risco pessoal, que é diferente do risco comercial típico. Digamos que seu trabalho consista em vender um aparelho qualquer. Você não o inventou nem tem um tostão investido nele, é o representante de vendas e nada mais. O fracasso do produto não é um risco pessoal. É um risco assumido. Você assumiu esse risco quando pegou o emprego. Em geral, ninguém precisa abrir o coração quando representa um produto ou uma empresa.

Para empresários e criadores, é diferente – o risco que eles assumem é pessoal por causa da ligação íntima que têm com o produto. Mas a maioria de nós vive num mundo de riscos assumidos. Só assumimos risco pessoal nos negócios quando nos tornamos vulneráveis como seres humanos diante de outras pessoas. Quando a Poderosa Chefona tenta aproximar-se dos empregados e comunicar-se com eles de igual para igual, pode ser ignorada ou perceber que eles não gostam dela. Mas também pode ser respeitada. O risco que ela corre é muito mais intenso do que um mero risco profissional.

Porém, grandes calamidades resultantes desse tipo de risco pessoal são raras. Os erros que cometemos sendo gentis geram somente penas leves. É claro, esses erros podem causar atritos pessoais. Mas ser simpático não destrói relacionamentos comerciais, finanças nem empresas. Mesmo que alguém ache que o estilo *lovecat* é mole e piegas, não vai deixar de fazer negócio com a empresa por isso. Mas, se um cliente se depara com alguém abertamente hostil, talvez não queira fazer negócio com a firma.

E haverá também situações de rejeição total. O que você faz?

Não há uma solução fácil. Mas não desista. Respire fundo. Releve a rejeição inicial. É comum as pessoas ignorarem a primeira aproximação de um *lovecat*. Esse primeiro recuo é muitas vezes uma ação reflexa, igual ao movimento da perna quando o médico bate em nosso joelho. Não é o mesmo que uma rejeição profunda, como quando a pessoa é insultada e se afasta. Ponha esses dois tipos de reação em gavetas diferentes.

Essas rejeições iniciais diminuem à medida que você adquire experiência. Há dois anos, eu lidava com a rejeição total uma vez em cada dez. Hoje a única rejeição que costumo receber é a reflexa. Deixe correr, portanto, a primeira rejeição. Não fique insistindo até se tornar um chato irremediável ou ser processado por assédio sexual. Em vez disso, aguarde o ponto de inserção apropriado. Para achá-lo, continue se "afinando" – sinta, observe. Com isso, entenderá melhor a fonte da rejeição.

Reveja o seu senso de oportunidade. Será que criou constrangimento ao fazer a aproximação na frente de uma terceira pessoa? É difícil as pessoas responderem na frente dos amigos. Será que invadiu o espaço pessoal do outro? Talvez tenha tocado uma pessoa que não gosta de ser tocada. Que espécie de permissão você obteve? Será que foi informal com um colega ou cliente que já deixou claro que há anos não tem intimidade com ninguém? Talvez ele ou ela não goste de abraços, mas não resista a um cumprimento com as duas mãos e um sorriso.

Talvez suas palavras tenham soado ameaçadoras. A frase "Eu gosto de você" já diz tudo. Para alguns, isso pode ser assustador.

Tenha sempre em mente que nenhum ato de expressão compassiva destruirá qualquer reputação ou qualquer relacionamento. Se você se der tempo bastante para observar o real impacto da rejeição, vai ver que ele é pequeno comparado aos momentos de encontro em que a sua iniciativa faz surgir um sorriso no rosto do outro e acende uma chama genuína.

No mundo dos negócios, vivemos entre o risco e a recompensa. O medo do desconhecido é grande. O sentido de ser rejeitado talvez seja fazer com que você perceba o quão pequena essa rejeição realmente é.

Em todos esses anos, nunca experimentei uma rejeição verdadeiramente importante, nunca danifiquei minha reputação, nunca me senti deprimido por causa de minhas iniciativas.

❖

Uma sessão de amor no trabalho não é um número teatral. Eu não sou Maquiavel, nem tenho a pretensão de ser esperto pintando um retrato enganoso com finalidades egoísticas. Um verdadeiro *lovecat* mostra compaixão pelas pessoas porque gosta delas. Se você diz a uma colega que está empenhado em seu sucesso, é porque realmente deseja que ela seja bem-sucedida. Você lê quantos livros consegue e compartilha seu conhecimento porque quer que seus contatos fiquem mais inteligentes, mais informados, mais capacitados. Arranja encontros entre os seus contatos porque realmente acredita que eles irão gostar um do outro, mesmo não ganhando nada com a apresentação.

Onde não houver amor não deve haver manifestação de amor. Nunca finja. Isso é ruim para a marca "amor no trabalho".

Abrace os seus colegas de profissão. Quando for capaz de intimidade no seu ambiente profissional, vai ser mais feliz não apenas nos negócios, mas em todos os campos da vida. E, de passagem, ajudará seus pares e parceiros a conseguirem o mesmo.

Talvez a maior vantagem de ser compassivo é que você estará ajudando a realizar a definição de amor que Milton Mayeroff propõe – ajudar o crescimento de seus colegas de trabalho, na vida profissional e na vida pessoal. Ao sentir a sua compaixão, eles começarão a se desenvolver no sentido mais pleno. Pense no prazer que você sentirá, tornando as pessoas mais humanas.

Nós amamos os outros para ajudá-los a desenvolver a sua própria capacidade de amar. Queremos que eles desfrutem a chama do amor e se tornem mais humanos. Quando você mostra compaixão, está ajudando os outros a se tornarem mais compassivos, a serem o melhor que podem ser. Portanto, quando eu me envolvo com o amor no trabalho, estou motivado pelo efeito que ele causa às outras pessoas e não apenas pela atitude que elas terão em relação a mim (ou pelas vantagens e popularidade que isso possa me trazer). Não sou uma pessoa carente de amor. Eu não abraço você nem lhe falo do meu carinho porque estou só. Digo isso e faço isso porque quero que você experimente a mesma humanidade, a mesma liberdade e a mesma alegria que eu. Quando nós, os *lovecats*, ajudamos os outros a sentir isso, nossa tarefa está cumprida.

Posfácio

No mês passado, dei uma palestra em que falava das maravilhas do mundo de negócios no novo milênio e disse que aqueles dentre nós que forem capazes de amar no ambiente de trabalho irão prosperar e florescer. Terminei minha exposição com uma frase que uso toda vez que alguém me pergunta a respeito do sucesso: "Pessoas legais e inteligentes fazem sucesso."

Alguns dias depois eu caminhava pelo escritório do Yahoo!, em Nova York, quando vi um cartaz com uma sigla em letras garrafais: PLIFS.

"O que significa isso?", perguntei ao rapaz da baia onde o cartaz estava pendurado.

O sujeito olhou para mim com um ar engraçado. "Você não se lembra?", ele perguntou. "É o que você disse. Pessoas Legais e Inteligentes Fazem Sucesso. PLIFS, cara!"

É verdade. Fazem mesmo. Se você seguir os passos propostos neste livro, vai se tornar um brilhante *lovecat*, capaz de criar oportunidades e valor.

Mas não é algo necessariamente fácil. Eu tive muitos percalços no caminho, e você talvez tenha também. Houve momentos em que tudo deu errado, e o mesmo pode acontecer com você.

O que eu aprendi foi que o crescimento tem limites naturais. À medida que o sistema *lovecat* começa a engrenar, você tem de tomar cuidado para não ultrapassar o seu próprio limite e prometer demais a algumas pessoas.

Outros problemas surgirão. Por exemplo, não é nada fácil adquirir um grande conhecimento. Não é nada engraçado, a menos que você consiga dar saída no seu conhecimento recém-adquirido logo de cara. Sempre que falo de livros e vejo as suas idéias iluminarem os rostos à minha volta, o livro seguinte é tão divertido quanto uma romance de Harry Potter – mesmo que seja um tratado da Harvard Business School sobre microeconomia global.

Mas, quando você começa a acumular leituras, elas não são imediatamente aplicáveis. É preciso estudar uns vinte livros até aparecer a oportunidade de usar um deles. Pode demorar um pouco. Pode parecer chato. Pode ser monótono.

Quando comecei a acumular conhecimento, peguei um texto universitário básico sobre marketing. De longe foi o livro mais difícil que jamais estudei, ele quase me levou às lágrimas de tão chato. Eu teria preferido mil vezes dormir no avião, ou ir para a cama mais cedo, ou simplesmente ver televisão. Mas sabia que devia continuar tentando, continuar lendo, continuar trabalhando, e que no final valeria a pena. Pelo menos, eu esperava que sim.

Umas semanas mais tarde, terminei de ler o livro no avião, sem ter a menor idéia de como iria usar aqueles conhecimentos. Quarenta e oito horas depois, eu estava citando, para mil pessoas que me ouviam numa conferência sobre marketing, uma importante passagem do livro. O autor Philip Kotler diz que o custo de atrair um novo cliente é cinco vezes maior que o de manter um cliente atual satisfeito e que a lucratividade de um cliente tende a crescer com o tempo em que o mantemos conosco (clientes de longo prazo tendem a comprar mais, recomendam mais e custam menos à empresa). E o custo de mantê-los é menor porque eles não reclamam tanto quanto os clientes insatisfeitos.

Essas idéias me deram uma nova perspectiva a respeito de qual é a tarefa do marketing: conservar os clientes. Até então eu sempre falara sobre como ganhar novos clientes através do marketing.

Logo recebi uma dúzia de e-mails de participantes da conferência me agradecendo por tê-los apresentado a essas idéias. Aconteceu exatamente quando eu estava a ponto de desistir de Kotler. Se tivesse feito isso, teria desistido do sistema inteiro. Às vezes a vida é estar à beira de um precipício e ser salvo da morte no último momento.

Eis aqui um outro tipo de problema que os *lovecats* encontram: serem ultrapassados em seu próprio circuito. Eu conheci Stuart Shapiro quando ele comandava uma pequena empresa chamada Woodstock.com. A idéia era transmitir uma nova versão do histórico festival de Woodstock pela Internet. Parecia perfeito para a Broadcast.com.

Eu sabia que faltava a Stuart alguns dólares para contratar nossos serviços, daí comecei a pensar em outras empresas que poderiam ajudá-lo porque gostava muito dele. Já compartilhávamos nossos livros e nossa rede e demonstrávamos mutuamente nossa compaixão. Eu sabia que podia encontrar um jeito de ajudá-lo.

Naquela época, a Microsoft, concentrada em divulgar o seu novo software Media Player, estava formando um fundo para ajudar empresas a produzirem eventos de alto valor via Internet. Então, eu proporcionei a Stuart acesso direto aos executivos da Microsoft e depois saí de cena, achando que a Microsoft ajudaria a Woodstock.com a nos pagar o evento. Pouco depois, soube que a Broadcast.com havia perdido o negócio para uma empresa de mídia eletrônica que a Microsoft recomendara a Stuart: eles toparam produzir o evento por quase nada. Eu fui deixado a ver navios.

Esse não foi um resultado exatamente popular na Broadcast.com. O papel da empresa não é dar de bandeja um grande evento para seus concorrentes porque está tentando ser legal. Eu quase decidi nunca mais correr esse risco. Mas, quando pensei melhor na coisa, me dei conta de que Stuart foi apenas realista. Ele telefonou para se desculpar, apelando para o meu senso de compaixão e me lembrando que a sua empresa era como um país pobre –

não tinha dinheiro e só podia viver de favores. Para ele, a Microsoft foi a salvação. "Coloque-se no meu lugar", ele disse.

Saltemos agora dois anos à frente: estou cruzando o aeroporto e vejo Stuart, agora um consultor independente. Nós nos abraçamos e em poucos minutos reatamos o relacionamento, a ponto de no mês seguinte eu apresentá-lo aos executivos de um grande estúdio de Hollywood. Stuart é um *lovecat*. Vou me arriscar com ele outras vezes.

Quer dizer, você será fritado, sim, de tempos em tempos. Todos os *lovecat*s são. Mas, se você se colocar no lugar da outra pessoa e tiver compaixão, verá que não é tão mau assim. Esse foi o meu pior caso, mas me recuperei rapidamente.

Um outro problema é esquecer que o amor tem limites. Keith James, um amigo de uma grande empresa de consultoria da Califórnia, é um jovem tremendamente inteligente, que lê todos os livros que pode, que agrega continuamente novas pessoas à sua rede e que está aprendendo a demonstrar compaixão. Ele queria experimentar o sistema *lovecat* há algum tempo e, recentemente, teve a chance de fazer sua estréia em seu meio profissional. E se ferrou.

A lição particular que eu estava tentando lhe ensinar era mostrar compaixão com pequenas empresas. Foi justo quando Keith se reuniu com um conglomerado da Fortune 500 para fazer uma apresentação da sua firma. Na agenda havia também um pequena empresa de pesquisa cujos donos eu conhecia. Aconselhei Keith a ser simpático. "Seja cortês", eu disse. "Mostre respeito. Não busque maneiras de contradizê-los. Deixe-os falar primeiro para que tenham a sua chance. Divida a cena."

É típico de nosso negócio que uma grande empresa contrate duas firmas para fazer o mesmo serviço porque não pode correr o risco de que o trabalho seja malfeito. Eles colocam as firmas na mesma sala e deixam que elas se peguem. É desagradável. Mas a empresa grande geralmente sai ganhando, porque a apresentação da menor fica para o final, quando só restam uns poucos minutos, e a proposta parece de qualidade inferior. Eu alertei Keith para evitar essa rota e seguir o caminho correto.

Ele voltou da reunião visivelmente transtornado. A outra empresa tinha tomado a reunião quase toda para exibir o seu produto, prejudicando a apresentação de Keith, que teve de suar a camisa para provar que também havia feito um bom trabalho. Eles tiraram partido da sua generosidade e ofeceram a cabeça dele numa bandeja.

"Quis ser legal e acabei fritado", disse Keith.

Eu respondi: "Lembra do que lhe disse na semana passada? PLIFS. Você foi legal, mas também devia ter sido esperto. Mesmo deixando que eles fossem na frente, você precisava ter estipulado que a apresentação deles terminaria na hora tal, ou, então, sugerido comparar as propostas ponto a ponto." Keith simplesmente deixou que os outros fossem em frente sem nenhum plano em mente.

Ser *lovecat* não é uma questão de ser legal. Não tem nenhum sentido jogar com essas regras se você não for inteligente também. Porque, se não for, tudo o que você terá para mostrar são boas intenções em vez de bons relacionamentos comerciais.

Todos cometemos erros – eu cometo, Keith comete e você cometerá. Esses erros podem surpreendê-lo, mas você aprenderá com eles.

Por outro lado, ser um *lovecat* pode trazer benefícios inesperados. Anos atrás, eu ouvi falar do MP3, a tecnologia que permite aos usuários baixarem músicas da Internet mesmo com conexões de baixa velocidade. Interessante, pensei, e daí mandei um e-mail ao sujeito que dirigia a empresa, Michael Robertson, diretor-executivo e fundador da MP3.com (que ele iniciou do nada, com o seu próprio dinheiro). Nessa época, o nome da companhia era Z Corporation porque Michael, como eu, adora terminar palavras com essa letra maluca, *z*.

Acontece que Michael sempre quis conectar-se com o meu ex-patrão, Mark Cuban, uma vez que não há uma grande distância entre a música que se pode "baixar" (e guardar no computador) e a música *streaming* (que é como ouvir rádio). Conversamos, Michael me deu alguns conselhos sobre como construir um negócio na Internet, inclusive como levantar dinheiro e contratar empregados estratégicos, e eu me comprometi a apresentá-lo a Mark.

Depois ficamos amigos. Escrevi artigos para o seu site sobre o futuro do *download* de música e o apoiei publicamente junto a todas as pessoas de Wall Street – e de qualquer outro lugar – que estivessem dispostas a ouvir. Como a Broadcast.com havia aberto seu capital de maneira bem-sucedida, eu ganhei bastante credibilidade e me tornei um nó ativo da rede de Michael.

Eu não esperava retribuição – ambos estávamos nos tornando *lovecats*. Mas um dia Michael me liga para dizer que estava me oferecendo ações da sua empresa, que estava abrindo seu capital. (Mais tarde descobri que Michael oferecera ações a todos os nós de sua rede, fazendo disso a maior dispersão de opções entre amigos e familiares da história.) Isso numa época em que o valor de algumas ações estava subindo muito acima de seu preço inicial. Eu fiquei feliz. Naquela mesma semana, eu tivera algumas experiências profissionais desagradáveis, dentre elas o negócio com a Woodstock.com. Ainda não havia começado a ganhar dinheiro de verdade e estava imaginando se essa idéia de ser um *lovecat* iria decolar um dia. Talvez eu estivesse oferecendo demais. Simplesmente não sabia.

Poucos meses depois, eu estava na Flórida a pedido de um dos meus *lovecats* da World Color, John Berger, deitando sabedoria sobre o tema do conhecimento, numa mesa-redonda que John havia preparado para seus nós favoritos. Durante um intervalo fui até o quarto do hotel e encontrei minha esposa na cama, pulando de alegria. Nosso corretor havia telefonado para dizer que o preço das ações de Michael haviam quase quadruplicado. Vendemos ali mesmo e, pela primeira vez na vida, eu pude pagar todas as minhas dívidas.

Daí em diante, meu estilo *lovecat* reforçou-se continuamente – de todas as formas que se possa imaginar. Eu percebi que seria para sempre um *lovecat*, plantando sementes de amor no trabalho e deixando-as germinar e florescer quanto quisessem. Nunca se sabe quando o próximo Michael Robertson vai entrar na sua vida.

❖

Direi mais uma vez: o amor no trabalho não é sempre suave. Seus fracassos podem doer, constranger, deprimir. Às vezes pode acontecer de as pessoas interpretarem você de um modo totalmente equivocado. Acumular conhecimento requer muito foco e esforço constante. Dividir sua rede exige primeiro ampliá-la e depois confiá-la a outras pessoas. Mostrar sua compaixão abertamente no escritório talvez o faça se sentir vulnerável e, se for rejeitado, ferido.

Mas você não teria chegado até aqui neste livro se não quisesse fazer uma tentativa, se não acreditasse ser possível, se não sentisse, como eu sinto, que o amor é a melhor estratégia do século XXI.

Três vivas para aqueles que acabaram de entrar para o mundo dos negócios e se dispõem a ouvir que o amor – não a velocidade, não a tecnologia, não a astúcia, não a mesquinhez – é a melhor estratégia. Agora você já sabe. E tem um ponto de partida.

Também quero congratular aqueles que estão nos negócios há

muitos anos, mas buscam uma oportunidade de renascimento pessoal. Durante as próximas semanas e meses, vocês verão que eu sou apenas a voz dos seus próprios pensamentos interiores. Se investiram tempo aprendendo de que forma o amor pode ser uma boa estratégia, é porque alguma coisa os atraiu para este tema. Alguns não costumam ler livros de auto-ajuda e outros não acham que precisam de ajuda. Mas estão lendo este livro, de qualquer forma. Por quê? Porque provavelmente vocês sempre foram *lovecats* – talvez um *lovecat* adormecido ou eventual, mas sempre um *lovecat*. Tudo o que fiz foi despertá-lo para esse fato e lembrar o que já existe em seu coração. Você tentou outros meios de obter sucesso, mas em seu íntimo sempre soube que estava na trilha errada. Havia um vazio na sua vida profissional. Nem sei dizer quantas pessoas eu conheci que admitiram sempre ter se sentido assim, que acreditavam que não era necessário ir dormir toda noite se sentindo mal em relação ao trabalho.

Eu não inventei o *lovecat*. Sou apenas uma voz expressando o que todos sabemos que é verdade. Agora quero que você vá e seja também a voz do *lovecat*. Conecte-se com as pessoas. Encontre os indecisos e traga-os para o grupo. São tantos – gente jovem, de meia-idade, seniores – os que procuram respostas, que têm dentro de si todos os ingredientes *lovecats* necessários. Desperte-os. Faça com que deixem de ser indecisos para serem *lovecats* totalmente comprometidos. A única coisa melhor do que ser um *lovecat* é criar mais *lovecats*.

O Dalai-Lama disse certa vez: "Viva uma vida boa e honrada,

pois, quando você ficar velho e olhar para trás, será capaz de desfrutá-la uma segunda vez."

Essa é a última vantagem de ser um *lovecat*. Daqui a muitos anos, quando relembrar a sua vida profissional e refletir sobre seus atos, você não apenas vai se lembrar de seu sucesso, felicidade e camaradagem, como também será capaz de reviver todas as ações maravilhosas que realizou e encherá o seu coração uma vez mais com o prazer imensurável do amor no trabalho.

❖

Numa recente atividade de treinamento, sentado no fundo da sala, eu vi este aviso na parede oposta: "Educação empresarial, sem prática, é pura diversão."

Agora que leram este livro, é hora de todos os bons *lovecats* passarem à prática. A chave da execução são as ferramentas e a atitude. Você já as tem. Sabe farejar, provar, rasgar e comer. Vá à luta, portanto! Vá em frente multiplicar o valor!

P.S. Eu te Amo

Depois do lançamento de *O Amor É a Melhor Estratégia*, em 2001, nos Estados Unidos, eu tive a felicidade de ouvir, ler e até participar de algumas histórias fantásticas, que me chegaram por e-mail, correio, telefone, fax e pessoalmente. Essas histórias enriqueceram a minha vida e me fizeram ter ainda mais certeza de que você obtém mais das pessoas quando as ama. Produz mais felicidade, encontra mais satisfação e experimenta surpresas e prazeres sempre renovados.

Parafraseando Dale Carnegie, autor de *Como Fazer Amigos e Influenciar Pessoas:* você realizará mais nos próximos dois meses desenvolvendo um interesse sincero por duas pessoas, do que em dois anos tentando fazer duas pessoas se interessarem por você.

Ouvirá também mais histórias, e não apenas divertidas – histórias com as quais poderá aprender muito.

O Amor Tudo Vence:
A História de Tom Ward

Tom Ward me procurou em março de 2002 dizendo que se sentiu compelido a escrever depois de ler uma passagem do meu livro numa revista.

"Nós somos a única empresa que eu conheço que tem o amor como um de seus valores", escreveu. Todo empregado da Barton Protective Services (da qual Tom é diretor-executivo) leva sempre no bolso um cartão com os princípios fundamentais da Barton. Os cartões contêm uma série de enunciados, começando com a Missão: Ganhar o Cliente para Toda a Vida. Depois vêm listados os valores da empresa: Confiança, Compromisso, Amor, Delegação, Idéias e Resultados. Sob o título Amor, se lê: "Você se importa comigo como pessoa?"

Tom foi trazido para a Barton Protective em meados dos anos 1990 com a tarefa de tirar a empresa das dificuldades que ela enfrentava naquele momento.

Para isso, ele instalou uma verdadeira cultura de compaixão e se pôs em movimento para achar as pessoas de que precisava para formar a sua nova empresa. Uma de suas técnicas favoritas era viajar de cidade em cidade (a Barton tem centenas de escritórios em todo o mundo) e falar com os empregados que tivessem sido, como ele diz, "pegos fazendo coisas certas". Tom se reunia com os funcionários – fossem atendentes ou gerentes que haviam inovado, reduzido custos, criado uma nova forma de relacionamento com o cliente ou aperfeiçoado processos – e lhes pedia que desenhassem um esquema de como haviam feito aquilo.

Que líder! Ele gosta de premiar pessoalmente todos os que têm se sobressaído na empresa. E premia mesmo.

Os resultados falam por si mesmos. Durante quatro anos seguidos, a revista *Fortune* selecionou a Barton Protective como uma das 100 melhores empresas para se trabalhar: a única de segurança jamais selecionada. Ela tem uma taxa de retenção de clientes de 95% num ramo em que 75% é considerada extraordinária. Sua taxa de rotatividade no trabalho é 64%, num ramo em que cinco vezes mais é considerado normal. E sua receita anual cresceu de 40 para 300 milhões de dólares em apenas nove anos.

Há duas lições simples para se aprender com Tom: mantenha seus empregados felizes e você manterá sua empresa feliz também.

Proporcione a Cada Pessoa a Sua História: A História de Mr. Mike

Até se aposentar recentemente, meu amigo Mike era não apenas o presidente da Pizza Hut como (ainda é) um genuíno *lovecat.*

Toda sexta-feira, em seu horário de almoço, ele pegava o telefone e ligava para dois de seus melhores clientes para lhes agradecer pelo bom relacionamento comercial. (Ele descobre os nomes pegando no centro de clientes da empresa os dados de quem está comprando muita pizza.)

Dias atrás ele me contou a história de um desses clientes para quem havia acabado de telefonar, uma mulher que morava num bairro muito pobre e que encomendara mais de uma dúzia de pizzas gigantes, todos os meses, durante um ano. Mike teve de ligar dez vezes até achá-la porque ninguém atendia o telefone. Quando conseguiu, finalmente, disse: "Olá, eu sou o presidente da Pizza Hut."

A mulher a princípio não acreditou, mas foi convencida da identidade de Mike quando ele mostrou saber que ela encomendara muitas pizzas durante todo o ano.

– Do fundo do meu coração, quero lhe agradecer pela preferência – ele disse. – E gostaria de saber se a estamos tratando bem.

– Meus filhos adoram a sua pizza – ela disse. – E vocês trabalham muito bem, sim.

Mas, por ser um homem compassivo, em vez de desligar o telefone, Mike continuou conversando com ela.

– Diga-me mais – ele falou. – Qual é a sua história? (Essa pergunta definitivamente compassiva devia ser sempre feita a clientes, colegas e empregados.)

– Sr. Mike – ela respondeu –, a minha vida não é lá essas coisas.

E prosseguiu, dizendo que era divorciada, tinha cinco filhos com idades entre três e onze anos e trabalhava em três empregos para sustentá-los: de manhã como arrumadeira num hotel, de noite como garçonete num restaurante barato e nos fins de semana como faxineira em residências. Seus filhos estavam aborrecidos com ela porque mal conseguiam vê-la. E depois, mesmo morando num bairro ruim, ela queria que eles crescessem com firmes princípios morais.

– Mas eles adoram pizza – disse. Por isso, ela deixava o mais velho pedir pizza sempre que os outros queriam.

As palavras dela acertaram em cheio o coração de Mike:

– Minha senhora, eu quero lhe agradecer por algo bastante diferente de ser uma boa cliente. Quero lhe agradecer por ser uma boa mãe.

Aí ele perguntou quando fora a última vez que alguém lhe dissera que ela era uma boa mãe. Ela respondeu que, fora os filhos, ninguém nunca tinha lhe dito. E começou a chorar.

– Sr. Mike, obrigada. Pelo resto da minha vida, vou contar para todo mundo a história de um executivo importante que me telefonou para dizer que eu sou uma boa mãe.

Histórias são uma moeda forte em nossa vida profissional e pessoal. Em geral as pessoas não reconhecem as suas próprias histórias, mas se você for compassivo e observador poderá ajudá-las a criar as suas. Assim, estará lhes dando algo que elas poderão guardar para o resto da vida – uma perspectiva nova e positiva a respeito de quem são e de seus motivos para serem boas pessoas. Todos temos, ao longo de nosso dia de trabalho, excelentes oportunidades de homenagear as boas pessoas e recompensar as boas almas. Nas palavras do grande magnata do aço Charles Schwab, os líderes devem ser "sinceros em suas boas ações e pródigos em seus elogios".

Difundindo o Amor: A História de Rosetta

Como você sabe, o amor no trabalho é uma questão de compartilhar seus conhecimentos, sua rede de relacionamentos e sua compaixão – ou uma combinação dos três. Essa lição eu aprendi muitas vezes na vida, e aprendi uma vez mais há pouco tempo no Aeroporto Internacional de Dallas, quando achei que meus sapatos estavam sujos.

Depois de perder um vôo para San Jose, eu fui até o boxe de engraxates onde uma jovem chamada Rosetta me cumprimentou e foi direto ao trabalho. Enquanto engraxava, ela me perguntou se eu era um homem de negócios, ao que eu respondi, orgulhoso: "Sim!" Então ela me confidenciou seu desejo de um dia montar seu próprio negócio. Disse que era solteira, mãe de três filhos e que queria controlar seu destino e seu futuro. Queixava-se de que os donos do negócio ficavam com o dinheiro todo e que tinha mais para dar do que apenas engraxar sapatos.

Parei imediatamente de ler o jornal e entrei em contato com as aspirações dela. Olhei-a bem dentro dos olhos e vi neles ambição, dignidade e ardor. Pensando no conhecimento que eu poderia compartilhar com ela, sugeri que lesse *Como Fazer Amigos e Influenciar as Pessoas*, de Dale Carnegie, achando que este livro lhe daria uma boa perspectiva das pessoas e dos negócios. Falei-lhe sobre algumas revistas que traziam boas dicas e oportunidades e também sobre o seu negócio atual: dirigir a casa e o boxe.

– Você tem seu próprio balanço de lucros e perdas, seu próprio pessoal e sua própria missão (criar seus filhos). Em resumo, você é uma Você S.A.!

Ela percebeu aonde eu queria chegar, sorriu e me falou de como tomava decisões sobre gastos com educação e diversão, e da opção econômica entre alugar e comprar uma casa. Nós concordamos que todos – à exceção dos reclusos – conduzem seus negócios, o que significa que todos somos gente de negócios. A única diferença é que o dono do boxe, por exemplo, tem um conjunto de problemas – folha de pagamento, impostos, seguros, aluguel – diferente do de Rosetta. Portanto, é possível, apenas possível, que ela devesse primeiro estudar negócios para se lançar na coisa com os olhos bem abertos. Eu diria que ela ficou entusiasmada com o assunto, e eu me senti ótimo dando-lhe uns minutos de atenção, conversando com ela sobre sua vida.

Na véspera dessa viagem, meu editor me enviara uma centena de folhetos promocionais do meu livro para distribuir onde fosse possível. Quando Rosetta terminou com meus sapatos, eu tive uma idéia luminosa: vou contratá-la para passar alguns desses folhetos para os seus clientes! Os folhetos continham a capa e um resumo do livro, o meu retrato e o meu conceito de amor no trabalho. Portanto, eu dei a Rosetta uma boa gorjeta e perguntei se ela ajudaria a distribuir os folhetos. Expliquei que o boxe dela era um excelente lugar para se divulgar um livro sobre negócios e que entre seus clientes havia negociantes poderosos.

Rosetta ficou maravilhada.

– Vou fazer melhor ainda – ela disse. – Conheço todos os gerentes de lojas do aeroporto, além de outros operadores de boxes. Vou dar alguns para eles também. Posso ficar com o pacote todo?

Uma hora mais tarde, a caminho do portão de embarque, eu passei pelo boxe de Rosetta e a vi passando um folheto para um de seus clientes e falando sobre o livro. Ela parecia mais feliz e satisfeita, seus olhos brilhavam!

Na semana seguinte, eu estava outra vez no aeroporto e notei um de meus folhetos colado num boxe de engraxate – não o de Rosetta. Ao entrar na banca de revistas, a caixa sorriu para mim e, depois de procurar sob o balcão, tirou outra cópia do folheto. Na verdade, era uma cópia da cópia – Rosetta estava agregando valor e espalhando a notícia. Pessoas boas estavam trabalhando para mim, pessoas que eu nem conhecia. A caixa me desejou sorte e me disse que mal podia esperar para ter meu livro na banca para vendê-lo.

No final, aprendi que todos são poderosos, todos têm uma história para contar e todos são pessoas de negócios. Compartilhando meu conhecimento e minha compaixão com Rosetta, fiz divulgação boca a boca num dos nós mais importantes do mundo dos negócios – o aeroporto internacional. Eu aprendera com Seth Godin que devíamos espalhar nossas idéias como vírus e sabia que as pessoas que viajavam podiam ser disseminadores, formadores de opinião e catequistas muito poderosos. Do tempo, compaixão e pagamento que dei a Rosetta, eu recebi um incrível retorno sobre o investimento.

Não deixe escapar a sua próxima Rosetta. Ela talvez seja o raio de luz de seu dia – sua companheira de equipe número um no negócio da vida.

❖

Se você tem histórias que gostaria de compartilhar comigo, sou todo olhos. Envie-me uma nota para tim@timsanders.com

Apêndice

Os dez livros que um *lovecat* não pode deixar de ler:

O DILEMA DA INOVAÇÃO, de Clayton M. Christensen, Makron Books, 2001

Este livro notável é útil todos os dias. Ele mostra como as empresas falham mesmo quando aparentemente fazem tudo certo. Ouvir demais a clientela tradicional pode ser um obstáculo às inovações e impedir que as empresas tirem partido de suas aplicações mortais. Christensen apresenta exemplos de tecnologias inovadoras – de discos rígidos a maquinário industrial – que provocaram uma ruptura na estrutura de mercado, conquistando a liderança em seus campos de atuação.

O PONTO DE DESEQUILÍBRIO, de Malcolm Gladwell, Rocco, 2002

Gladwell conta casos e aborda a origem do que chama de "epidemias sociais", que têm capacidade de dar início a grandes reações. Por que algumas idéias, comportamentos ou produtos deflagram uma epidemia e outros não? Os interessados em marketing viral e boca a boca e em pesquisas de mercado aprenderão muito sobre os fatores psicológicos que invertem a tendência, transformando o obscuro em onipresente. As pessoas adoram este livro – eu o ganhei de presente de companheiros *lovecats* quatro vezes no último ano!

O CÍRCULO DA INOVAÇÃO, de Tom Peters, Harbra, 2000

O livro de Tom me ajudou a entender como desfrutar a minha vida profissional e se tornou pedra angular de meus seminários internos no Yahoo!. Ensinou-me a criar uma empresa de serviços profissionais, a trabalhar em projetos Uau! e a construir uma marca pessoal. Essas três idéias farão de você um profissional mais valioso e irão melhorar a sua vida profissional. É um livro básico para a inovação pessoal.

A ARTE DA FELICIDADE, do Dalai-Lama e de Howard C. Cutler, M.D., Martins Fontes, 2000

Inicialmente cético, ao ler este livro, eu mudei minha forma de pensar sobre o mundo ao meu redor. Ele me deu uma nova perspectiva a respeito das pessoas e de meu papel em ajudá-las, me mostrou que todos precisamos encontrar a felicidade e promovê-la ao nosso redor. Leitura obrigatória para todo gerente que tem consciência de seu papel na vida de seus subordinados. Além disso, é uma agradável pausa entre as leituras mais pesadas relacionadas aos negócios.

SIMPLICIDADE, de Bill Jensen, Campus, 2000

Este livro contém soluções extraordinárias que lhe farão economizar tempo, banda de freqüência pessoal e talvez até a sua sanidade. Eu sou capaz de me ajoelhar para agradecer a Jensen por seu sistema de intercâmbio de informações, que reduziu em mais de 30% o tempo que perco com meu e-mail! Ele utiliza também o poder da anedota para simplificar nosso entendimento do progresso e da visão/missão dos negócios.

AMOR, de Leo Buscaglia, Record, 22.ª edição, 2002

Eu nunca tive um relacionamento tão íntimo com um livro como o que tenho com este. Devido ao seu tamanho, parece leitura para uma hora, mas pode consumi-lo durante semanas, meses, ou até anos, se você quiser – quanto mais lê, mais ele faz sentido. O *Amor*, no que se relaciona com compaixão, é a base de meu sistema pessoal.Portanto, se quer saber de onde vêm as minhas teorias sobre o amor, vá direto à fonte: Leo Buscaglia.

LIDERANDO A REVOLUÇÃO, de Gary Hamel, Campus, 2000

Este livro trata de uma tendência na progressão do valor econômico: a "inovação de conceitos em negócios". Gary diz que não podemos simplesmente espremer valor nas empresas com demissões e truques contábeis. Em algum momento vamos ter de inovar nos modelos e processos comerciais. Com sua voz forte e atraente, é um toque de despertar para uma verdadeira estratégia de negócios!

O PODER DO AGORA, de Eckhart Tolle, Sextante, 2002

Este não é um livro de negócios, mas todos os homens e mulheres de negócios deveriam ouvir o que Eckhart tem a dizer. Ele argumenta que precisamos aprender a ficar presentes, a viver o agora. Todos os nossos problemas, afirma o autor, estão no passado ou no futuro. Neste exato momento, você está bem, aproveite. Aprenda a observar sua mente para que ela não crie problemas inexistentes, mesmo enquanto trabalha como um louco. Seja o observador.

Independentemente de suas crenças espirituais, este livro pode mudar sua vida, ao ajudar você a compreender a verdadeira origem da felicidade e do bem-estar.

EMPRESAS FEITAS PARA VENCER, de Jim Collins, Campus, 2001

O que posso dizer? Este é um dos mais importantes livros sobre gerenciamento dos últimos anos. Jim explica, com toda elegância, importantes conceitos de negócios. Trata, essencialmente, de uma coisa: como transformar o bom em ótimo, fazendo com que uma boa empresa se transforme numa grande empresa. Baseado numa pesquisa fabulosa, este livro precisa ser lido por qualquer um que encare seriamente seu trabalho, sua carreira e seu negócio.

O PODER DA INTELIGÊNCIA EMOCIONAL – A EXPERIÊNCIA DE LIDERAR COM SENSIBILIDADE E EFICÁCIA, de Daniel Goleman, Campus, 2002

Eis aqui a idéia simples e valiosa deste livro: crie ressonância com os funcionários da sua empresa e com sua equipe e consiga extrair o que eles têm de melhor. Este trabalho é baseado no livro anterior de Goleman, *Inteligência Emocional*, e suporta plenamente o sistema *lovecat* na vida profissional. Em essência, ele diz que a missão básica da liderança é de cunho emocional. É o melhor livro sobre liderança de 2002.

Informações sobre os próximos lançamentos

Para receber informações sobre os próximos lançamentos da Editora Sextante, queira entrar em contato com nossa Central de Atendimento, dando seu nome, endereço e telefone para:

Editora Sextante

Rua Voluntários da Pátria, 45 – Gr. 1.404 – Botafogo

22270-000 – Rio de Janeiro – RJ

Tel.: (21) 2286-9944 – Fax: (21) 2286-9244

DDG: 0800-22-6306 (ligação gratuita)

E-mail: atendimento@esextante.com.br

Para saber mais sobre nossos títulos e autores, e enviar seus comentários sobre este livro, visite o nosso site:

www.esextante.com.br

PAPEL

CHAMOIS-BULK alta performance alcalino

Esse livro foi impresso em papel Chamois Bulk Alta Performace Dunas 90g/m² da Ripasa S/A Celulose e Papel produzido a partir de floresta plantada de eucalipto.